이런 여자가 남자의
운명을 바꾼다

이런 여자가 남자의 인생을 바꾼다

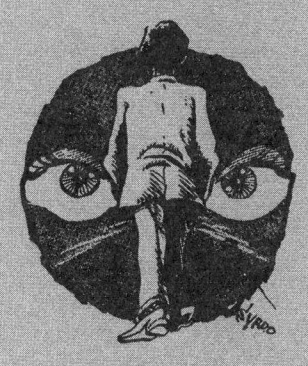

> 책머리에

어떤 여자를 만나느냐에 따라
남자의 인생이 바뀐다

　결혼할 상대 또는 애인이 있다 하더라도 최종적으로 선택과 결정은 당신에게 달려 있다.
　그러나 상대가 악녀인가 아닌가에 당신의 장래가 결정되어 버린다는 사실을 염두에 두기 바란다.
　악녀라고 하는 것은 미녀냐 추녀냐 하는 문제가 아니다.
　중국 은나라의 저기나 당나라의 양귀비는 희대의 미인이었지만, 경국지색으로서 악명을 남기고 있다.
　그녀들은 남편이었던 국왕을 자신의 임의대로 조종하여 결국은 나라를 멸망시키고, 백성들까지 도탄에 빠뜨리고 말았다. 이쯤 되면 여자의 힘이란 가공할만 하다고 하겠다.
　오늘날의 여성은 더 강해졌다고 한다. 장수도 하거니와 신체적인 발달은 물론 정신적, 지적인 재능도 훌륭하게 꽃피우는 여성들이 많아졌다.
　게다가 21세기가 임박했고, 여자는 앞으로 더욱 위력을 발휘할 것이다. 이런 때 너무 강한 여자를 아내나 연인으로 삼는다고 하면 당신은 어떻게 될 것인가.
　남자는 자기 인생을 성공하거나 실패하거나 모두 자신의 재능과 수완이라 생각하고 믿고 있지만, 주변을 살펴보면 여자에 의해서 인생을 변화시킨 남자가 의외로 많음을 보고 놀란다. 아니, 자기의 성공이나 실패가 여자와 무관하다는 남자는 거의 찾아볼 수가 없다.

사업가로서 지위를 얻고 재산을 쌓은 뒤에 결혼한 사람은 여자와 무관하지 않느냐고 의문이 생길지도 모르지만, 그것은 아주 드문 예이다.

저 남자의 부인은 너무나 평범해서 유달리 눈에 띄지도 않는데 어떻게 사장이 되었는가 하는 경우, 고니가 우아한 자태로 물 위에 떠 있지만 수면 밑에서 물갈퀴를 열심히 움직이고 있는 것처럼, 보이지 않게 남편을 받들어 주거나 이끌어 주고 있는 것이다.

우리 주변에는 순풍에 돛단 듯한 인생을 여자에 의해 한번에 파탄을 내고 난파선의 선장이 된 남자, 성실하고 자신만만하게 나가다가 어떤 여자와 만나고 나서부터 구제불능의 나락으로 떨어져 버린 남자들이 수없이 많다.

그러나 반대로 어떤 여자와 만난 후 운이 열려서 크게 성공하는 사람이 있는가 하면, 주위에 많은 사람과 재물이 모여드는 남자들도 있다. 말하자면 세상에는 남자를 흥하게 돕는 여자와 남자를 망하게 하는 여자가 있다는 것이다.

그런데 한 남자를 망하게 한 여자가 다른 남자도 망하게 한다고 단정할 수는 없다. 마찬가지로 한 남자를 출세시킨 여자가 또 다른 남자도 출세시킨다고 말할 수 없는 것이다.

하지만 그러한 남녀의 상성(相性)이라는 것을 고려한다 하더라도 남자를 흥하게 하는 여자, 망하게 하는 여자의 타입은 있는 것 같다.

그렇다면 아내를 얻지 말아야 하고 애인도 두지 말아야 하는 것이가, 40이 넘도록 독신으로 사는 남자도 많지 않은가 하고 생각하는 독자도 있겠지만, 독신으로 사는 것은 예술이나 과학 등 특수한 재능을 가지고 살아가는 일부의 남성에 지나지 않는다.

따라서 사회적인 관점에서 보더라도 적령기가 되면 결혼하는 것이 남녀를 불문하고 바람직하다.

나에 대해서 말하자면 36세까지 결혼을 하지 않았다. 그러나 그때까지 적지 않은 여자와 여러 가지 형태로 교제를 했다.

하지만 절대로 인기가 있는 편은 아니었다. 흔히 말하는 인기 없는 남자의 3대 특징인 '구두쇠, 뚱보, 대머리'의 요소를 젊어서

부터 모두 가지고 있었다.

 따라서 나는 애초부터 쉽게 좋은 여자를 만날 것으로는 생각하지 않았다. 그러므로 열심히 일을 하면서 '서투른 포수도 여러 발 쏘면 맞는다'고 여성들과 친분을 많이 쌓았다.

 이런 나에 비하면 당신이 훨씬 젊고 유능한 사람일 것이다.

 그러나 역으로 말하면 여자의 올가미에 걸려서 '남자를 망치는 여자'에게 잡힐 위험성이 높은 것이다.

 나도 50고개를 넘어서야 비로소 여자 앞에서 괜한 폼을 재려는 생각을 버리게 되었다.

 그러므로 이 책에서는 부끄러움을 무릅쓰고 나의 체험을 숨김없이 토로했다. 여자에 대해서도 하고 싶은 말을 다했다.

 따라서 여자들의 입장에서 '후쿠도미 놈, 건방지게……' 하고 욕할지도 모르지만, 그래도 상관없다. 여자가 좋은 남자를 선택하듯이 남자도 좋은 여자를 선택할 수 있는 자유가 있으니까 말이다.

차례

제1부 이런 여자가 남자의 성공을 가로막는다
  미모만 내세우는 여자는 남자에게 재난을 가져다준다 · 13
  여자의 눈물에 마음 약해지는 순간 남자의 인생은 흔들린다 · 24
  불가사의한 여자는 남자를 마구 뒤흔든다 · 30
  여자가 화장을 잘못하면 남자를 바보로 만든다 · 38
  성장 환경이 나쁜 여자는 반드시 남자의 신뢰를 배반한다 · 46
  여자의 섹스에 빠지면 남자는 빈털터리가 된다 · 55

제2부 이런 여자가 남자의 인맥을 끊어버린다
  인간관계를 소홀히 하는 여자는 남자의 인맥을 끊어버린다 · 65
  험담을 자주하는 여자는 남자의 인간관계를 무너뜨린다 · 71
  전화 예의를 모르는 여자는 남자의 신용을 깨뜨린다 · 79
  여자가 인정이 없으면 남자의 인간관계를 끊는다 · 86
  여자가 음식을 맛없게 먹으면 남자의 인맥을 망친다 · 91

제3부 이런 여자가 남자의 기를 빼앗는다
  호들갑을 떠는 여자는 남자의 기를 위축시킨다 · 101
  섹스에 불만 많은 여자는 남자의 의욕을 상실시킨다 · 108

차례

취미를 공유하지 못한 여자는 남자의 즐거움을 빼앗는다 · 115
여자가 너무 참견하면 남자는 의기소침해진다 · 122
제멋대로 하는 여자는 남자를 끝없이 추락시킨다 · 127
독점욕이 강한 여자는 남자를 무능하게 만든다 · 135

제4부 이런 여자가 남자의 재물을 막아버린다

불평불만만 늘어놓는 여자는 남자의 있던 재산도 없앤다 · 147
질투가 심한 여자는 남자의 출세길을 막는다 · 155
여자가 교활하면 남자의 재물운을 막는다 · 163
격려할 줄 모르는 여자는 남자의 복을 걷어찬다 · 169
너무 나서는 여자는 남자의 생활력을 붕괴시킨다 · 176

제5부 이런 여자가 남자의 운명을 망친다

남과 비교하는 여자는 남자의 의욕을 꺾는다 · 187
신세타령만 하는 여자는 남자의 좋은 운을 막는다 · 194
여자가 예절이 바르지 않으면 남자를 수렁으로 빠뜨린다 · 200
기지가 부족한 여자는 남자를 난처하게 만든다 · 209
마음을 열지 못하는 여자는 남자의 운명을 깨뜨린다 · 216

제1부
이런 여자가 남자의 성공을 막는다

미모만 내세우는 여자는
남자에게 재난을 가져다 준다

● 남자 인생의 최대 목표는 여자

남자의 인생 목표란 무엇인가?

사람마다 그럴 듯한 말로 많은 것을 주장하지만, 나는 그들의 의견과는 다르다. 그래서 이 책에서만큼은 터놓고 남자의 본성을 이야기하고 싶은 것이 내 바람이다.

남자의 인생 목표는 입신출세해서 금의환향한다든가, 사업에 전념한 덕택에 돈을 많이 번다든가 하는 딱딱한 고정관념의 틀에서 벗어날 수 없는 입장에 놓여 있다면 더 이상 무슨 말이 필요한가.

딱 부러지게 말해서 남자 인생의 최대 목표는 '여자'다.

나는 단언하건대 대부분의 남성은 이런 생각을 가지고 있으리라 확신한다. 그 이유는 바로 이와 같은 내 마음을 감출 수 없기 때문이다.

따라서 남성으로서 제구실을 못하게 된 노구라면 몰라도 원기 왕성한 청장년 남자들이라면 이 점에 대해서 이의가 없을 줄 안다.

물론 그 중에는 지위나 명예, 돈이 제일이라고 말하는 사람도 있겠지만 그것도 여자가 있고 나서야 의식하게 될 것이다.

또 설령 여자가 없는 세상에서 지위나 명예 따위를 손에 쥐었다고 하더라도 고독과 허무함을 달랠 수 없을 것이다.

따라서 여자가 존재하지 않는다면 대부분의 남자는 지위나 명예에 그처럼 집착하지 않을 것이다.

과연 이 세상에 많은 남자들이 집단으로 생활하면서 유일하게 여자가 없는 곳은 어디일까? 물론 쉽게 군대라고는 하지만, 그곳에도 소수이긴 하지만 여군이 소속되어 있어 완전 무결하지는 못하다. 어쨌든 완전 분리된 곳은 교도소다.

여러분에게는 연고 없는 곳일지는 모르지만 교도소 안은 금녀의 집, 즉 남자만의 세계다. 그 들에게는 필연코 교도관이라는 절대적인 권력자가 지배하고 있다.

그러나 이것은 지위나 명예를 얻기 위해 저질러진 것이 아니라 오로지 물질욕에 연결되어 있는 것이다.

좁은 공간에서 남보다 조금이라도 편안한 자리에 있고 싶고, 차입 식품을 제일 먼저 받고 싶다든가 하는, 말하자면 단순한 동물적 본능에서 하루하루를 보내고 있을 뿐이다.

그러므로 여자가 없다면 남자는 본능적으로 물욕의 세계를 갈구하게 되는 것 같다.

만일의 경우 내가 여자 없는 사회에서 생활하게 된다면 나는 사장이 되어 뽐내기보다는 가난하지만 자유로운 어부가 되어 거센 바다의 신선한 생선을 얻는 쪽을 선택하리라.

그것은 내가 지금까지 많은 여성들과 더불어 생활한 데서 얻은 지혜이다.

그만큼 남자에 있어서 여자는 중요한 존재이며 어느 때는 향상심의 원천이 되기도 하고, 때로는 극단적인 투쟁의 목표가 되기도 한다.

그러므로 남자들은 '보다 훌륭한 여자'를 차지하기 위해 밤낮없이 눈물겨운 노력과 투쟁을 계속하는 것이다.

그러나 문제는 '보다 훌륭한 여자'의 기준이다.

'아내로서는 미인이 좋은가, 성격이 원만한 여자가 좋은가?'

이 물음에 남자들의 의견은 갈라진다.

어떤 남자는 이렇게 극찬하기도 한다.

"얼굴은 아무리 못났어도 성격이 좋은 여자를 택하겠다. 얼굴은 성형수술로도 고칠 수 있지만, 본성적으로 나쁜 성격은 고칠 수가 없다."

이것이 그 남자의 주장이다.

이에 반발해서 다른 남자가 의견을 내놓는다.

"성격 따위는 남편의 교육에 의해 바꿀 수 있다. 그러나 못생긴 얼굴은 성형수술만으로는 교정되지 않는다. 그러므로 타고난 미인을 아내로 삼는 것이 좋다."

이들 두 사람 중 어느 주장이 옳은가를 나로서는 판단하기 어렵다.

그러나 미인을 아내로 삼는 것은 대단한 각오가 필요하다는 사실만은 알아두어야 한다.

'여자의 미모는 일곱 가지 재난을 감추고 있다'고 경고의 말을 하지만, 이는 피부색이 고우면 아무리 못생긴 얼굴이라도 웬만한 결점은 커버가 될 수 있다는 뜻을 지니고 있다.

그러나 세상 사람들이 경탄할 만큼 뛰어난 미모를 갖추고 있는 경국지색이라면 일곱 가지 재난을 감추고 있을 뿐만 아니라, 그 재난을 불러들일 수 있다는 말이다.

그 이유는 크게 나누어서 두 가지를 생각해 볼 수 있다.

하나는 남자가 자기 스스로 보수적인 입장으로 퇴화해 버리는 일, 또 하나는 스스로 다른 남자들의 무차별한 공격의 목표가 되는 점이다.

이 두 가지를 좀더 자세히 설명해 보기로 하자.

● 미인 아내 때문에 인생을 망친 남자

미인 아내를 둔 경우 제일 큰 위험은 남자가 맥없이 안도해 버리는 점이다. 앞에서 이야기한 바와 같이 남자에게 있어서 여자

미인 아내를 얻게 되면 남자는 진취성이 결여된다.

는 인생의 최대 목표이기 때문이다.

따라서 미인 아내를 얻으면 그것만으로 '나는 인생 목표의 태반은 달성했다'고 하는 기분에 빠져 있게 마련이다.

이러한 자기 만족의 안도가 남자의 인생에서 가장 위험한 요소이다. 사실 남자의 인생이란 결혼 후가 더 멋지고 풍요로우며 참다운 인생의 길을 걸어가기 때문이다.

그런데 미인 아내를 쟁취했다고 해서 온 천하를 얻은 듯 자기 만족에서 헤어나지 못한다면 오래되지 않아 패배자의 인생이 되어버린다.

그리고 무엇보다도 더 중요한 사실은 보배 같은 귀중한 미인 아내를 일생 동안 자기 곁에 안주시킬 수 있는 능력조차도 잃게 된다는 것이다.

따라서 그런 남자는 자기 만족의 안도에 집착한 나머지 결국은 꿩도 알도 모두 놓쳐버리고 마는 인생으로 전락해 버린다.

가령 결혼을 하자마자 일에 대한 적극성을 잃는 남자가 우리 주변에서 더러 눈에 띈다. 그런 남자의 아내를 만나보면 대개는 미인 쪽이다.

독신 때에는 매사에 활동적이며 윗사람으로부터 칭찬을 받을 만큼 일에 열중했었는데, 미인 아내를 얻고 나서는 '이제부터는 느슨하게 하루하루를 편안히 보내면 된다'는 무사안일에 젖어 무기력해진다.

물론 모든 남자가 그렇다고 단언은 할 수 없지만, 미인을 아내로 맞으면 남자는 소극적이고 보수적으로 되어버리는 경향을 갖게 되는 모양이다.

이것과 비교해서 재미있는 현상은 미인을 쟁취하기 위한 단계에서의 남자는 대단히 적극적이고 공격적이라는 사실이다. 그것은 물론 일(사업)에 대해서도 그렇다.

그러나 일단 미인 아내를 두면 지금까지의 과감한 공격력이 시들어 버리고 마니 이상한 일이다. 미인 아내의 비위를 맞춰 주어야 하고, 다른 남자들로부터 아내를 지켜야 하는 일에 온 힘을 쏟아야 하기 때문일까.

내 경험상으로 봐도 미인과 교제하고 있으면 자랑스러운 반면, 역시 걱정이 된다. 그녀를 잃어버리지 않을까 전전긍긍하게 되고, 아무래도 자질구레한 일에 신경을 써서 쓸데없는 질투심도 생기게 마련이다. 그러다 보니 자연히 일에 대한 정열은 반감해 버리는 것이다.

그러나 미인을 아내로 두지 말라는 것은 아니다. 단지 미인과 결혼했다고 해서 인생에 대만족을 하고 쉽게 안주해서는 안된다는 것이다.

● 미녀의 남편을 먼저 죽이는 식인종

미인 아내를 두고 있으면 자신의 일이 등한시되는 경우 외에 또 다른 단점을 생각해 볼 수 있다.

그것은 다른 남자들로부터 부러움과 더불어 시기를 받고 있다는 점이다.

뉴기니아의 식인종 사회의 이야기다.

그 사회에서는 평상시에는 다른 부족을 습격해서 잡아먹지만, 식량이 고갈되면 자기 부족끼리도 서로 잡아먹는다.

그때 가장 먼저 희생되는 남자는 누구일까. 그것은 다름아닌 미인 아내를 둔 남편이라고 한다.

식인종 사회에서도 미인 아내를 둔 남자는 많은 경쟁 상대를 물리친 만큼 다른 남자들로부터 심한 질투와 미움을 받고 있는 듯하다.

이시카와의 소설 『바람에 흔들리는 갈대』에서도 전쟁중에 잡지사 편집장의 미인 아내가 당시의 권력자에게 남편의 소집면제를 부탁하는 내용이 있다.

그 소설에서는 미인이 부탁을 했기 때문에 도리어 '어림도 없지' 하고 질투해서 금방 소집영장을 발부해 버린다. 그리고 그 뒤 아내가 면회를 왔다 가면 그 직후에 '여편네와 어쩌구 저쩌구 한 녀석' 하고 상관에게 얻어맞곤 한다.

그 후 그 남자는 이런 제재와 구타가 원인이 되어 군복무도 제대로 못하고 인생을 비관해 자살해 버린다.

식인종 사회와 『바람에 흔들리는 갈대』의 남편이 미인 아내를 둔 탓으로 도리어 불행해진 경우에서 보듯 남자라는 것은 친구의 아내가 미인이니까 그 친구를 대우해 준다든가 협력해 줘야겠다는 생각은 우선 생기지 않는다.

오히려 '저 녀석 두고 보자', '미인 아내를 얻은 뒤로는 콧대가 높아졌군' 따위의 앙심을 품는 일은 있어도 기뻐해 주는 일은 그다지 없다.

그 중에는 '저 녀석이 빨리 죽으면 마누라를 어떻게 해볼텐데……' 하고 질투심을 불태우는 인간까지 있으므로 절대로 안심할 수가 없다.

도리어 미인 아내를 두면 마음 편할 날이 없을 우려가 있다. 윗사람의 아내보다 예뻐도 그러하다.

따라서 미인 아내는 여간 상냥한 마음씨를 쓰지 않으면 남편의 친구나 상사, 그리고 그들의 아내들에게서 질투를 사게 된다.

그렇다고 해서 지나치게 상냥하게 행동해도 딴 남자들에게 도리어 오해를 받을 수도 있다.

아무튼 미인 아내를 두면 적이 많이 생긴다는 것을 남자들은 충분히 각오해야 될 일이다.

● 남자를 안심시키는 스마일 얼굴

그러면 어떤 얼굴의 여성을 아내로 삼으면 좋을까. 각기 좋아하는 타입이 있을 것이다.

하지만 여자가 아무리 마음에 들어도 남자가 무능하면 어떻게 해볼 도리가 없다.

어쨌든 보편적으로 남편과 가정을 원만하게 꾸려나가는 형은 통통하게 살이 붙은 스마일형이라고 말들 한다.

도쿄의 긴자에 있는 어느 클럽의 마담이 이 스마일 얼굴이다. 이 마담의 인간미로 인해 정계나 재계의 거물들이 단골로 삼고 있다.

나도 가끔 그 클럽에 들르는데, 요즘 같은 불황기에도 대성황을 이루고 있는 곳이다.

나는 마담의 어떤 면이 사람을 끌어당기는 힘이 있는 것일까 항상 궁금하게 생각하고 있었는데, 어느 기회에 우연히 그 까닭을 알 수가 있었다.

어느날 나는 어떤 파티장에서 오랜만에 그 마담과 만나게 되었다. 그런데 묘하게도 마음이 편안해지는 것이었다.

그녀가 먼저 '안녕하세요, 후쿠도미 씨, 또 만났군요' 하고 말을 걸어오는데, 그 미소진 얼굴을 보자 이상하게도 마음이 평화로워졌다. 이것이 이 마담의 매력이구나 하고 나는 그녀의 클럽이 번성하는 까닭을 알 수 있었던 것이다.

이와같이 '스마일 얼굴'은 남자를 편안하게 만든다.

나는 그 마담에게 화낸 적이 있냐고 물어보았는데, 자기도 모르게 낸 적도 있을지 모른다며 환하게 웃어보였다. '나도 화낼 줄 알아요' 하며 성낸 얼굴을 지어보였지만, 그래도 역시 미소를 잃지 않는 모습이었다.

이렇듯 유흥업계에서는 상대를 포용하는 듯한 얼굴이 하나의 무기가 되는 것이다.

그러나 반대로 궁색한 얼굴은 자기가 운영하는 업소까지도 궁색하게 만들어 버린다.

이것은 미인과 추녀의 구분이 아니고 여자의 얼굴이 갖는 '분위기'일 것이다.

따라서 아내나 애인을 선택할 때는 얼굴의 모습보다도 분위기로 고르는 것이 현명하다.

이때 좋아하는 마음이 대전제가 되어야 함은 물론이다. 왜 그런지 예를 들어보겠다.

내 아내는 얼굴형으로만 볼 때는 그다지 미인은 아니다. 특히 녹초가 되게 만취했을 때의 얼굴은 보기도 싫다.

하지만 다음날 아침 곤하게 자고 있는 아내를 보고 있노라면 '아아, 참으로 사랑스러운 얼굴이군' 하고 모든 것을 용서하고 싶은 기분이 된다.

그러나 이때 만약 마음에 들지 않는 얼굴이라면 따귀라도 한대 때리고 싶은 심정이 될 것이다. 그러니까 좋아한다는 것은 미인인지 아닌지의 기준 이상으로 중요한 요소인 듯하다.

타인은 무책임하게 남의 아내나 애인의 얼굴 모습을 평가하지만, 그런 것에 신경쓸 필요는 없다.

따라서 가장 중요한 것은 얼굴 모습만을 기준으로 해서 '엉터리 미인'을 아내로 택하지 않도록 하는 것이다.

또한 엉터리 미인을 얻은 것만으로 만족하고 있으면 그 남자의 인생은 절대로 장미빛이 될 수 없다는 것도 꼭 알아두어야 할 것이다.

여자의 눈물에 마음 약해지는
순간 남자의 인생은 흔들린다

● 언제든지 울 수 있는 여자

 항간에서 악처를 가리킬 때 '저 여자는 소크라테스의 처'라고 한다.
 소크라테스의 아내 크산티페는 유명한 악처였다.
 하지만 소크라테스는 그 때문에 학문에서 생의 보람을 발견하고, 유명한 철학자가 될 수 있었다고 한다.
 그러나 악처 밑에서 성공한 사람은 거의 없다.
 우리 주변에는 남편이 하는 일에 하나에서 열까지 간섭하며 덤비고, 심지어는 컵을 던진다든가 물까지 끼얹는 여자가 있다.
 이런 여자는 남자를 무시하는 것은 예사일 뿐 아니라, 어쩌다 남편이 울컥 화를 내고 격한 말이라도 토하면 금방 눈물을 쏟으며 악담을 퍼붓는다.

이래서 남자는 모든 것을 포기하고 손을 들어버린다.

합리적으로 설득해서 상대에게 반성을 촉구하는 것은 엄두도 못낼 뿐 아니라, 도대체 아무 말도 통하지 않는 여자는 흔히 볼 수 있는 일이다.

결국 여자측에서 '죽어 버린다' 따위로 극단적으로 나오면 이것을 그대로 방치해 둘 수 없는 것은 남자 쪽이다.

그러면 남자는 하는 수 없이 사과하고 상대방을 위로하게 된다. 이 싸움판은 이것으로 수습되지만, 이런 싸움은 그 뒤로도 반복되는 것이 상례다.

'여자는 울려고 생각하면 언제든지 울 수 있다'는 말을 다른 사람도 아닌 아내에게서 들었다. 이것은 사실인 듯하다.

때와 장소를 가리지 않고 눈물로 해결하려고 드는 여자 앞에서는 어쩔 도리가 없는 것이다.

● 사업도 무너뜨리는 여자의 눈물

이런 말을 하면 마음이 여린 여자에게 대단히 냉정한 사람이라고 평가받을지도 모르지만, 내가 이 사실을 깨닫는 데는 얼마나 많은 대가를 치렀는지 모른다.

지금도 생생하게 생각나는 일이 있는데, 그것은 전쟁이 끝난

남자 앞에서 눈물을 자주 흘리는 여자는 경계해야 한다.

1945년 말경의 일이다.

당시의 유흥가에서는 크리스마스라는 것은 하나의 빅 이벤트로, 그 해의 마지막 기회를 가질 수 있는 큰 호황기였다.

그때 나는 어느 클럽의 지배인이었는데, 한 해의 적자를 어떻게 해서라도 만회해 보려고 필사적으로 준비를 하고 있었다.

그렇게 바쁜 때 한 호스티스가 갑자기 '오늘은 일찍 보내주세요' 하고 조퇴를 청원하는 것이었다. 더군다나 막 바빠지기 시작하는 밤 8시경에 출근하자마자 불쑥 이렇게 나오는 것이다.

순간 나는 귀를 의심했다. 다른 날이면 몰라도 그날 밤만은 무슨 일이 있더라도 열심히 일해 주지 않으면 안되는데도 말이다.

이런 것쯤은 이런 세계에서 3일만 일을 해봐도 누구나 금방 알 수 있는 일이다. 당연히 나는 이렇게 말했다.

"절대로 안돼. 몸이 아프다면 몰라도 다른 어떠한 이유도 용납할 수 없다."

이런 문답이 있은 후 그녀의 입에서 흘러나온 한마디는 나로 하여금 큰소리를 치게 만들었다. 조퇴 이유인즉 '파티에 참석하기 위해서……'라는 것이다.

나는 더 이상 참을 수가 없어서 고함을 쳤다.

"뭐야! 머리가 돈 것 아냐?"

그녀는 처음에는 잠자코 고개를 숙이고 있더니, 이윽고는 주위 사람들도 아랑곳하지 않고 어린애처럼 소리내어 엉엉 울기 시작했다. 내가 여자의 눈물에 약하다는 것을 알기나 하듯이.

울고 싶은 것은 이쪽이란 것을 설득시키려고 해봤자 통할리가 없었다. 눈물로 마스카라가 번지고, 화장도 엉망이 되고 말았다.

한마디로 해결 방법이 없었다. 이런 상태로 손님을 맞이했다가는 그야말로 엉망진창이 될 게 뻔했다. 결국 내가 두 손을 들고 말았다.

"할 수 없군. 코트를 뒤집어쓰고 아무도 모르게 뒷문으로 빠져나가."

나는 이렇게 말하고는 그녀를 내보냈다.

다른 종업원들 앞에서 특별히 허락한단 말을 할 수가 없어서 다른 사람 모르게 사라지도록 처치하는 수밖에 묘책이 없었던 것이다.

어쨌든 눈물로 자기 의지를 관철시키려는 여자, 이런 여자를 아내로 맞으면 남자의 인생은 암담해 질 것이다.

● 여자의 눈물에 의해 좌우되는 남자

한때 내가 일하던 곳에 이런 호스티스가 있었다.
그녀에게는 밤낮없이 때리고 돈을 빼앗아가는 구제불능의 야쿠자 남편이 있었다.
따라서 그녀는 월급을 대부분 그 남자의 용돈으로 바쳐야 했다. 게다가 남자가 무슨 짓을 하건 울기는커녕 불평도 하지 않았다.
어쨌든 남자의 악습은 반복될 뿐이었다. 그래도 그녀는 그 사람이 원하는 것은 모두 해주고 싶다며 언제나 웃는 얼굴로 남자를 대했다.
곁에서 보고 있던 나는 어쩌면 저렇게 좋은 여자가 저런 바보 같은 남자와 살고 있을까 하고 이상하게 생각했다.
그런데 어느날 돌연 남자가 마음을 잡고 일을 하기 시작했다. 도대체 무슨 일이 있었기에 그가 한순간에 변할 수 있단 말인가.
나는 몹시 궁금해서 그녀에게 물었다. 그녀는 빙긋이 웃을 뿐 좀체로 밝히려 하지 않았다.
아무래도 납득이 가지 않았던 나는 그 남자의 친구가 우리 업소에 자주 온다는 것을 알아내고 그 청년에게 물어보았다.

실은 그녀도 많이 울었다고 한다. 단 타인 앞에서는 절대로 내색을 안했다는 것이다.

또한 그 청년의 말에 의하면 한번은 그 남자가 외출을 했다가 잊은 물건이 생각나서 다시 집으로 되돌아왔는데, 창가에서 그녀가 눈물을 흘리며 울고 있는 장면을 목격하고 마음을 잡았을 거라는 거였다.

아무도 없는 곳에서 남편과 자기의 앞날을 생각하며 그녀는 훌쩍훌쩍 울고 있었던 것이다. 이런 광경을 보고도 아무런 감각이 없었다면 그는 이미 인간이 아니다.

아마 그때 그녀는 얼른 눈물을 감추고 환한 미소를 지어보였을 것이다. 남자도 그 장소에서 당장 사과를 안했을지도 모른다.

그러나 자기가 앞으로 무엇을 어떻게 할 것인가를 남자는 깨닫게 됐으리라고 생각한다.

남자 앞에서 보라는 듯이 우는 여자와 절대로 그런 추태를 보이지 않는 여자. 어느쪽이 남자를 망치고, 어느쪽이 남자를 분발시킬 것인가. 그 결론은 명백할 것이다.

불가사의한 여자는
남자를 뒤흔든다

● 남자를 휘어잡는 여자

'모나리자의 미소'라고 하는 유명한 그림이 있다.

나는 처음 그 그림에 그려진 여성의 눈동자를 보았을 때 좀 무서웠던 기억이 있다. 어렸을 때 아마 인쇄된 포스터나 달력에서 본 듯하다.

보는 위치를 조금 달리 해서 봐도 왠지 시선이 마주쳐 버린다. 섬뜩하다고 할까. 무엇인가 마음속 깊은 곳에 직접 파고드는 듯한 눈빛이다.

하지만 그 그림은 눈을 뗄 수 없게 만든다. 보지 않겠다고 하면서도 어느새 시선은 그녀의 미소에 달라붙어 버린다.

화법이나 기술적 이유는 나는 모른다.

그러던 어느날 어떤 얘기 도중 친구들에게 이런 말을 했더니 '아아, 듣고 보니 나에게도 어렸을 때 그런 기억이 있다'고 동의하는 친구가 많았다.

원본을 구입할 수 있는 능력도 기회도 내게는 없지만, 만일 있다고 해도 집에 걸어놓을 마음은 없다. 유치한 생각을 갖고 있다고 비웃을지 모르지만, 어딘지 무섭고 끌려드는 듯한 기분이 드는 것은 사실이다.

우리는 '모나리자와 같은 수수께끼의 미소를 남기고……' 라는 표현들을 자주 쓰고 있다.

그만큼 그 미소에는, 남자에게는 좀 야릇하고 불가사의한 매력이 있다.

그러나 그 표정에는 이러이러해서, 그러그러한 이유가 있어서 그렇다는 납득을 얻을 수가 없다.

이해할 수 없으면 접근하지 않으면 될 것인데 웬일인지 인간, 특히 남자는 그것이 불가능하다.

왜 그럴까. 그 의문이 생긴 순간부터 그것에 온 마음이 빼앗겨 버리게 되는 것은 흔히 있는 일이다.

그뿐 아니라 자꾸만 말려들게 되어버린다. 어느 사이엔가 빠져 들어 있다가 퍼뜩 정신을 차리게 되면 '쓸데없이 바보처럼' 하고 중얼거려 보지만 어쩔 수가 없다.

모나리자는 단지 캔버스 안에 있으니까 그것으로 끝난다. 이것이 살아 있는 인간, 그것도 빼어난 미인일 경우에는 이성을 상실해 버리는 것이다.

  일이 손에 안잡힐 뿐만 아니라 완전히 상식적 판단이 빗나가 버린다. 눈에 무엇이 씌웠다고 해야 옳을까. 마치 제정신이 아니다.

  불가사의라 하더라도 이것은 정체불명도 아니다. 성도 이름도 분명하고, 어디에 살고 어떤 직업을 가지고 있으며, 취미는 무엇인지 그녀에 대해 낱낱이 알고 있다. 그런데도 불구하고 불가해한 부분이 있다.

  의미도 없이 돌연 섹시한 눈초리로 남자의 가슴속을 파고들기도 하고, 또 돌연 승려나 여성 과학자처럼 침착한 지성으로 불타오르는 남자의 속마음을 한번에 위축시켜 버리기도 한다.

  남성 여러분도 이런 스타일의 여자를 어디선가 만나서 경험한 적이 있을 것이다.

  만일 아직 경험한 적이 없다면 충고를 하나 해주고 싶다.

  이런 여자에게는 말려들 수밖에 없으니 주의해야 한다는 것을 말이다.

● 갑자기 안기고 싶다고 속삭여오는 여자

  나는 36세 때까지도 결혼을 안하고 있었다. 그 이유 중 하나는 고백하자면 그런 타입의 여자에게 오랫동안 끌려다니고 있었기 때문이다.

불가사의한 여자는 남자를 끝없이 현혹시킨다.

어떤 때는 이렇다 할 이유도 없이 눈물을 흘린다.

왜 그러느냐고 물으면 '아무 일도 아니예요. 잠시 울고 싶어서……' 하며 내 어깨에 얼굴을 묻는다.

그리고는 애처로울 정도로 조용히, 그저 영원히 가라앉아 버릴 듯이 우는 것이다.

그때 나는 이 여자는 반드시 내게는 밝힐 수 없는 깊은 사연이 있어서 그것을 참아내려 한다고 생각했었다.

그런데 갑자기 그쳤구나 생각할 때 이번엔 돌연 밝고 명랑하게 돌변해 버린다.

그럴 때는 속으로는 무척 당황해 하면서도 거기에 끌려 들어가고 만다.

　방금 울고 있던 여자가 즐거운 듯이 노는 이야기나 사치스러운 이야기를 너무나도 자연스럽게 끌어낸다. '나는 말이죠, 창문이 크고 밝은 주방이 있는 집이 좋아요' 따위의 엉뚱한 잠꼬대 같은 이야기를 꺼내기도 한다.

　의아하게 생각하면서도 이 정도까지는 어쨌든 납득 못할 것도 없다.

　그래서 이 여자는 조금 감정의 기복이 크지만 근본은 밝은 편이고 괜찮은 여자라 생각하고, 어깨를 안아주고 싶은 마음이 생긴다.

　그런데 이번엔 한술 더 떠서 내 얼굴을 빤히 쳐다보며 '……네, 어서요. 지금 하고 싶어요. 어디서라도 좋으니까 당신과 자고 싶어요'라고 말한다.

　대낮에 대로에서의 일이다. 나는 놀란 나머지 주위를 둘러보게 된다.

　그녀는 이렇게 주저하는 나의 팔을 자꾸 끌어당기며 앞장을 선다. 가끔 무슨 생각을 떠올리는 듯 입가엔 음란스러운 웃음이 새어나오기도 하고, 밝게 콧노래도 부르는가 하면 노골적인 섹스 화제를 꺼내기도 한다.

　따라서 나는 도대체 이 여자의 머릿속은 어떻게 되어 있는가 하고 경악과 당혹감을 감출 수 없었던 경우가 가끔 있었다.

　그렇다고 해서 그녀는 정신적인 결함이 있는 것도 아니다. 또 보통 사람 이상의 상식과 지성을 갖춘 여자다. 단지 남자에 있어서는 요컨대 불가사의한 여성이다.

 게다가 그녀는 여성으로서의 매력도 대단하다. 동반해서 걸으면 남들이 부러움이 가득한 시선으로 바라보는 황홀할 정도의 미인이며 식사 매너도 흠잡을 데가 없다.

 어쨌든 알 수 없는 일이다. 그 여자와 같이 있으면 도리어 이쪽이 이상해지는 듯하다.

 그러나 머릿속으로는 이렇게 생각하면서도 딱 부러지게 결단은 못내린다.

 요컨대 마녀에게 자진해서 끌려다니며 그녀의 마음대로 움직이고 있었던 것이다.

● 현실은 소설보다도 기이하다

 결국 그 불가사의한 여자와는 인연을 끊었지만, 지금까지도 정체를 알 수 없는 수수께끼의 여인이었다.

 이런 여자는 그리 흔하지는 않지만, 의외로 이와 비슷한 이야기는 가끔 들을 수 있다.

 평상시에는 냉철하던 숙녀였는데도 영화를 보면 갑자기 흥분해서 섹스의 욕망이 생기고(포르노 영화를 본 것도 아닌데), 양식을 먹는 테이블에서 돌연 '당신 정말 포크와 나이프를 잘 사용하네요. 그러나 어쩌다 실수로 코나 입술을 잘라서 먹지는 않아요?' 따위의 상상을 초월하는 대사를 토하기도 한다.

이것은 모두 친구로부터 들은 이야기다. 도대체 소설에도 나옴 직하지 않는 여자 이야기다.

아무리 내가 작가라고 하지만 자기의 상상의 영역을 벗어나서는 그려낼 수가 없는 것이므로 현실에서 그런 여자를 만나지 못했다면 감히 등장인물로 채택할 수는 없었을 것이다.

이런 여자를 둔 남자의 주위에서는 염려하고 충고도 하지만 '무슨 소릴 하는 거야? 그녀의 참모습을 아는 사람은 나뿐이야' 라고 할 정도로 빠져 있으니, 어디까지가 진실한 모습인지 참으로 불가해한 일이다.

사실은 지금도 그 여자에 대해서는 납득이 안가는 부분이 있고, 때때로 그리운 생각도 난다.

아마 이런 스타일의 여자를 만났던 남자들은 누구든지 그러리라고 생각된다.

그러나 한 가지 확실히 말할 수 있는 것은 여자의 불가해란 본질적으로 이해할 수 없을 정도로 속 깊은 존재는 아니다.

대개의 경우는 감정의 자제력이 부족하여 기분내키는 대로 행동하는 자유분방한 정신의 소유자거나, 상대나 주위 사정을 생각할 줄 모르는 이기적인 성격인 경우가 많지 않은가 생각된다.

자기애(自己愛)가 지나치다고 할까. 어쨌든 마음속에 타인을 사랑할 수 없는 사람은 정신 형성 도중에서 피해의식이 많이 생겨 그렇다고 내 친구인 심리학자는 말하고 있다.

가끔 불가사의하게 보일 뿐 대개의 경우 머리를 식히고 냉정히 생각해 보면, 함께 있을 때 굉장히 피곤한 스타일의 여자였다는 것을 깨닫게 된다.

 연애감정에 빠져 있을 때 혼자서 제멋대로 신비적이다, 불가사의하다 하고 착각하고 있었다는 것을 뒤늦게 알게 되는 수가 많은 것이다.

 만약 그래도 불가사의하고 매력적인, 진짜 모나리자 같은 여자가 있다면 꼭 만나보고 싶은 심정이다.

여자가 화장을 잘못하면
남자를 바보로 만든다

● 무서운 여자의 직감

여자의 감각은 때로는 놀라울 만큼 예리한 때가 있다.
도쿄의 고한다 거리를 아내와 같이 걷고 있을 때, 스치고 지나는 여성을 아내는 '저 아가씨는 터키탕 아가씨군' 하고 말했다.
내가 깜짝 놀라 돌아보니 그녀는 평범한 보통 여자처럼 보였다. 옷은 수수하고 화장도 엷었다. 머리 염색도 하지 않았다.
"무슨 근거로 그런 소리를 하지? 내가 보기엔 저 아가씨는 구두쇠 여자같은데……."
그러자 아내가 약간 비아냥거리는 투로 말했다.
"당신, 여자 보는 눈이 꽤 둔하군요. 요즈음의 직업여성은 대낮부터 짙은 화장을 하고 다니지 않아요. 업소 이외에서는 보통 사람 이상으로 소박한 모습을 하고 다녀요. 그래 가지고 용케도 여자들을 데리고 장사를 하고 있네요."

이쯤 되면 내게도 자존심이 있다. 수많은 여자를 데리고 장사를 해온 내가 아닌가. 여자 판별 능력에서 아내에게 뒤지고 싶지는 않았다.

나는 당장 되돌아서 그 여자의 뒤를 미행했다. 그런데 정말로 터키탕으로 들어가는 것이 아닌가. 업소 앞에서 청소하는 사람과 인사하는 것을 본 이상 틀림없는 터키탕의 아가씨임을 알 수 있었다.

"와아, 놀랐소. 당신은 어떻게 그것을 알아봤소?"

"특별히 무슨 표시가 있는 것은 아니지만, 어쩐지 몸에 지니고 있는 것이 달라요. 화장도 안한 얼굴인데, 지니고 있는 것은 굉장해요. 요즈음 평범한 아가씨나 부인들은 화장은 잘해도 저런 고가품은 지니고 다니지 않아요."

예를 들면 발목에 걸려 있는 발찌라는 것이 순금제의 고가품이라고 아내는 단언했다. 그런 것을 어떻게 확인하는지 모르지만 아내의 논리는 일목요연하다.

또한 소박한 스타일에 어울리지 않는 호화 액세서리를 몸에 지니고 다니는 여자는 우선 직업여성이라 생각한다고 아내는 덧붙였다.

사실 나는 발목의 장식품 따위는 눈에 띄지 않았다. 그냥 화장도 의복도 소박한 괜찮은 여자라고 생각했을 뿐이었다.

그런데 그 사이에 아내는 입고 있는 옷뿐만 아니라 그녀의 성품까지 몽땅 평가하고 있었던 것이다.

여자의 직감은 졸속한 상상력일 수도 있지만, 역시 날카롭고 무서운 것이었다.

특히 초면의 여자끼리는 스치고 지나가는 일순간에도 상대의 복장, 화장 등을 서로가 확인하는 듯하다. 이런 경우의 감각은 남자에게는 이해할 수 없는 점이다.

내가 이런저런 생각을 하고 있을 때 아내가 덧붙였다.

"센스는 여자의 여러 감각 중 제일이지요. 순식간에 성품뿐 아니라 머릿속까지 집어낼 수 있지요."

● 패션 감각이 무딘 여자

패션 센스는 그 인간이 성장해 온 과거를 모두 반영해 주고 있다. 하루아침에는 몸에 어울리지 않는다. 마네킹과 인간은 틀리니까.

굉장한 미모의 금발 백인 여성에게 기모노나 한복을 입혀도 역시 잘 어울릴 수는 없다.

이런 일들은 일본의 지방 도시의 미인대회에서도 가끔 나타난다. 상큼하고 귀여운 어린 아가씨에게 깊은 슬릿의 차이나드레스는 어쩐지 폭소라도 터뜨리고 싶은 심정이 되어버린다.

같은 나라의 같은 환경에서 성장했더라도 개인차는 크다.

화장과 복장이 엉망진창인 여자는 성격도 엉망이다.

우리 업소에 꽤나 예쁘장한 젊은 아가씨가 입사했다. 이것은 20년이나 지난 일이다.

당시는 지금만큼 정보가 발달되지 않았으므로 시골과 도시는 의복 취향이 완전히 달랐었다.

나는 그 아가씨로부터 프랑스 요리를 먹어보고 싶다는 제의를 받고, 나도 젊었을 때이므로 이를 쾌히 받아들이고 데이트를 하기로 했다.

시골 출신이기는 하지만 업소에서의 드레스 입은 모습은 손님들의 눈에 확 띄는 미인이었기 때문이다.

나 역시 그녀가 사실은 도쿄 출신이지만 무슨 사정 때문에 출신 성분을 속이고 있는 것은 아닐까 하고 생각하고 있었을 정도였다.

그러나 이게 웬일인가. 업소의 드레스를 갈아입고 뒷문으로 나온 그녀를 보고 나는 한심한 여자를 데리고 나섰다고 후회했다. 제발 옆에 오지 말아 달라고, 더군다나 팔짱 따위를 끼지 말아 달라고 속으로 애원하고 있었다.

그것은 엉망진창의 코디였다.

화장과 헤어 스타일은 호스티스 풍이고, 위에 걸친 카디건은 유행이 지난 촌스러운 것이었다.

더군다나 색 바랜 핑크색 미니 스커트 위로 팬티라인이 드러나 보였으며, 춥지도 않은데 고무줄이 느슨한 양말을 신고 있었다.

게다가 '이거 어제 산 거예요' 하며 끝이 뾰족한 에나멜로 마무리되고 굽이 7센티도 넘는 하이힐을 가리키는 것이었다.

상상해 보시라. 기품이 나쁜 여자는 아니지만, 이렇게 센스가 무딘 여자와 동반해서 거리를 걸을 만큼 나는 인내심이 강한 남자가 못된다. 그래서 그럴 듯한 이유를 대고 데이트를 연기했던 것이다.

그녀도 이런 내 마음을 감지했는지 다음 데이트 때는 낮시간에 만나자고 신청해 왔다.

그때의 스타일은 당시 유행하고 있던 하얀 목폴라 스웨터와 검은 슬랙스. 여기까지는 좋았다.

그러나 이번에는 화장이 요란했다. 밤업소에 나갈 때 이상으로 짙은 화장에다 커다란 진주 귀걸이. 그리고 나에게 물었다.

"나 어때요, 오늘은 좀 괜찮지요?"

억지 춘향이 격인 미인인 만큼 거리를 걸으면 행인들은 뒤돌아 본다. 그리고 쿡쿡 웃는다.

게다가 빨갛게 색칠한 입술로 나에게 웃음을 걸 때마다 분칠이 금이 간다. 장소는 긴자의 백주대로인데…….

● 화장은 여자의 중요한 포인트

멋대로의 생각같으나 남자는 같이 다니는 여자에게 쏟아지는 시선을 의식하게 되는 것이다.

그것은 멋진 여자와 함께 있다는 것을 과시하고 싶은 기분도 있고, 그 이상으로 그런 아름다운 여자와 함께 다니는 자기에 대한 타인의 찬사를 의식하는 것이다.

따라서 남자가 너무나 엉성하게 모양을 낸 여자와 동행하는 장면을 누군가에게 보였다면 비웃음의 대상이 될 것이다.

뿐만 아니라 '저 녀석 머리가 어찌된 게 아닌가. 저런 여자를 데리고……' 라고 놀림당하는 것은 남자에게 있어서 결정적인 마이너스다.

엉망인 복장과 화장을 한 여자는 머릿속도 엉망인 경우가 많다. 특히 화장은 중요한 포인트다.

밤과 낮의 화장을 잘 구분하지 못하는 여자는 만사에 일단 분별력이 떨어진다. 과장해서 말하면 사회생활의 조직을 잘 이해 못한다.

　게다가 때와 장소와 경우를 모르기 때문에 대낮에도 깜짝 놀랄 정도로 요란스런 화장으로 나타나서 의연한 태도다.

　이런 여자는 한술 더 떠서 롱드레스용의 하이힐을 신고서도 유원지에 가고 싶다고 지껄인다.

　이래도 싫지 않다는 남자는 소크라테스 같은 대인물이거나 아니면 본인도 같은 류의 인물일 것이다.

　즉 이런 스타일의 여자를 동반하고 다닌다는 것은 그 남자도 때와 장소를 분간 못하는, 올바른 사회생활 능력이 갖춰져 있지 않은 철부지 남자로 간주당해도 할 수 없다.

　그러면 엷은 화장이면 다 좋다고 단정할 수 있는가. 그것도 곤란하다.

　화장하기를 싫어하는 여자는 밤은 낮과 달라서 어른들끼리의 약속에 의한 엔조이 시간이라는 것을 이해 못하고 있다.

　따라서 이런 여자들은 파티석상 등에서 엉뚱하게 자기의 반생애를 늘어놓는다든지, 어리석게도 정치 이야기 등을 꺼내놓기도 한다.

　구태여 반드시 세상 기준에 맞추라는 것은 아니다. 개성 있는 여자의 존재는 항상 남자에게는 매력적이다.

　한 시대의 유명 여성은 대부분 대담하고 화려한 모습으로 대중 앞에 자주 나타난다. 그때 우리는 그 나름의 개성을 너그럽게 받아주는 경우도 있다. 페인트라도 칠한 듯이 보이는, 항상 짙은 화장의 여가수도 있지 않은가.

그녀들은 그것이 하나의 신분증명서와 같은 것으로, 주위에서도 그런 개성을 인정해 주게 된다.

따라서 지금 새삼스럽게 제삼자가 이러쿵 저러쿵 평할 것은 아닌지도 모른다.

그러나 보통 평범한 생활을 보내는 데는 좀 무리가 있다. 터키탕의 아가씨가 신분에 맞지 않는 귀금속을 몸에 지니는 이면에는 그녀들의 심상치 않은 고수입이 있기 때문일 것이다.

그러므로 화장 하나라도 타인을 놀라게 하고 싶어지는 것이리라. 맨 얼굴에 비싼 귀금속이 어울리지 않으면서까지.

성장 환경이 나쁜 여자는
반드시 남자의 신뢰를 배반한다

● 여자의 성품 판별엔 차소면이 최고

　맞선을 보든지, 연애를 하든지 상대의 여자가 괜찮은 여잔가 아닌가를 분간하려면 나는 그 여자와 함께 차소면 같은 요리를 먹을 것을 권하고 싶다.
　식사라고 하지만 고급 레스토랑의 프랑스 요리 따위는 아니다. 근처에 있는 라면집 같은 데서 차소면 같은 것을 먹는 것이다. 보통 라면도 아니고 차소면(중국식 라면). 이것이 가장 좋은 판별법이라고 생각된다.
　고급 레스토랑 같은 장소에서는 의외로 그 사람의 본성 따위는 발견하기 어렵다.

포크나 나이프의 사용법이 좋다고 해서 반드시 품격 있는 성장을 한 여자라고 단정하기 어렵다.

그 정도 터득하는 것은 그다지 많은 시간이 필요하지 않기 때문이다.

반대로 서투르다고 해도 바르게 자라지 못했다고 단정할 수는 없을 것이다.

너무 긴장한 나머지 손놀림이 우둔해 진다든지, 커피를 흘리는 따위는 누구든지 저지를 수 있는 실수이기 때문이다.

그러나 차소면의 경우는 성장 환경이 좋았는지 나빴는지 직접적으로 나타난다. 정장을 갖추고 라면집에 들어가는 일은 별로 없다.

또 양식처럼 식사 매너를 지켜가며 차소면을 먹는 사람도 없다. 이런 장소라야 인간의 바탕, 즉 소성(素性)이 나타나는 것이다.

차소면을 어떻게 먹느냐. 제일 먼저 차소(엷게 썬 돈육을 구워서 새우나 야채, 양념 등을 섞어 만든 꾸미)를 전부 집어먹는 경우가 있다.

이것은 최악의 식사법이다. 만약 국수를 먹다가 잠시 쉬고 있노라면 종업원이 와서 식사가 끝난 줄 알고 그릇을 가져가 버릴지도 모른다.

그러나 차소가 조금이라도 남아 있으면 아직 식사가 끝나지 않은 걸로 알고 그릇을 치우지는 않을 것이다.

반대로 최후까지 차소를 남겨 놓는 방법도 그다지 좋은 식사법은 못된다.

차소면은 국수와 병행해서 차소도 먹고 국물도 마시며 먹어야 한다. 면을 다 먹은 뒤 두서너 개 차소가 남은 것은 수프를 마셔 가며 마저 먹는다.

이렇게 하면 최후까지 차소면의 맛을 즐길 수 있고, 종업원도 적당한 시기에 그릇을 치울 수가 있다. 이것이 차소면을 바르게 먹는 방법이다.

천천히 맛을 음미하면서 음식을 먹는지, 특별한 식사 매너는 모르더라도 보기 흉한 식사법은 하지 않고 있는지, 함께 식사하는 사람뿐만 아니라 주위 손님들이나 종업원에게도 최소한의 예절을 잘 지키고 있는지를 보는 것이다.

이 정도만 할 수 있어도 그 사람은 올바르게 성장한 여자라고 생각해도 될 것이다.

그래서 여자의 성품 관찰법으로는 차소면이 제일 좋다고 할 수 있다.

● 여자의 본성을 파악 못한 친구

나와 같은 류의 영업을 하고 있는 친구의 업소에서 이런 일이 있었다.

지성적인 미인 호스티스가 입사했다. 화제도 풍부하고 손님을 대하는 센스도 나무랄데가 없었다.

여자의 성품은 차소면 먹는 것을 보면 알 수 있다.

게다가 호스티스가 되기까지의 전력이나 성장한 환경을 들어봐도 이런 업소에서 근무하기에는 너무 아깝다고 생각될 만한 여자였다. 영업이 끝나고 함께 식사하러 가봐도 예절이나 행동이 반듯했다.

그래서 친구는 그녀를 이런 곳에 두기는 아깝다고 생각되어 새로 개업한 분점을 운영하도록 맡겼다.

그런데 약 1주일 후에 그 동안 매상을 올린 돈 전액을 가지고 사라져 버렸다.

유흥업계에서는 흔히 있는 일이지만, 그 친구는 대단히 쇼크를 받은 모양이었다.

돈을 가지고 도망쳤다는 것은 물론 자기의 눈이 맹관이었다는 것에 쇼크를 받은 것이다.

그런데 사건 발생 후 동료 호스티스에게 물어보니, 그 중의 한 사람이 이렇게 말했다고 한다.

"여자의 눈으로 봐도 멋있게 보이는 여자였는데, 영업이 끝난 후 함께 라면집에 갔다가 놀라운 모습을 목격했어요. 차소면을 시켜 먹었는데, 차소만 골라 먹고는 남은 면 위에 담뱃재를 털어넣는 걸 보고 소름이 끼쳤어요."

아무리 돈을 지불하는 것은 이쪽이라 하더라도 식기는 재떨이가 아니다.

더군다나 같은 요식업계에서 밥을 먹고 있는 사람이 그런 매너 없는 짓을 하면 업소 사람이 어떻게 생각할 것인가 정도도 느끼지 못한다는 것이 이상하다.

내 친구는 **훌륭한** 인격자라서 직원들을 잘 대해 주었다. 그래서 식사할 때에도 직원인 그녀를 레스토랑 같은 고급 음식점만 데리고 다녔다.

그 결과 그녀의 본성을 파악할 기회가 없었을 뿐 아니라, 자신의 불행을 자초하게 된 것이다.

어떤 회합에서 교육심리학자의 이야기를 들었는데 비행청소년이 되기 쉬운 타입의 아이들의 특징으로, 식사시에 반찬 먹는 방법을 말하던 일이 떠오른다.

몇 가지 반찬이 식탁 위에 있을 때 한쪽서부터 차례로 비워 나가는 아이는 비행청소년이 되기 쉽다고 한다. 이 이야기는 그대로 어른에게도 들어맞는 말이라고 생각된다.

큰소리로 지껄여가면서 차소를 처음에 전부 먹어버리고 남은 면 위에 담배꽁초를 버리는 인간은 어딘가 기본적으로 문제가 있다고 단언해도 될 것이다.

여러분 중에는 유흥업소를 운영하는 사람은 하찮은 것으로 인간을 판단한다고 생각할지도 모른다.

그러나 손님이나 호스티스나 경영자도 각자가 적나라한 욕망을 드러내놓고 융합된 세계에서 살고 있으면, 저절로 이러한 인간 판별법이 몸에 붙게 된다.

의외의 장소에서 사람은 생생한 자기의 본성을 드러내게 되는 것이다.

● 여자의 술수에 넘어간 청년

옛날 사람들은 여자의 성품을 파악하려면, 그녀의 부모를 보면 알 수 있다고 했다.

특히 부친을 보면 그 여자가 장래 어떤 가정을 만들 것인가 알 수 있다고 했다.

이때 가문이나 빈부의 차는 그다지 관계가 없다. 평상시의 부친의 행동거지를 보고 있으면 그 딸이 어떻게 키워졌는가 하는 것이 자연스럽게 나타난다.

하지만 최근에 와서는 부친의 위상이 많이 상실되었으므로 반드시 그것이 맞는다고 할 수는 없다.

근엄한 부친 밑에서 자라난 아가씨가 어떤 계기로 엉뚱한 길로 빗나가 버리는 수도 있다. 옛날과 달리 부친의 위세 따위가 통용되지 않는다.

그러면 모친은 어떤가.

이것 역시 전면적인 신뢰는 할 수가 없다. 핏줄을 이어온 딸이므로 몇십 년 앞으로는 지금의 모친과 같은 아주머니가 되겠지 하는 겉모습 정도는 맞을지 모른다.

그러나 그밖의 조건은 참고가 되지 않는다고 봐야 될 것이다.

예전에는 예의범절쯤은 '장래 다른 사람 앞에서 수치를 당하지 않도록, 타인에게 해를 주지 않도록' 가르쳐 내는 것이 소위 최소한의 가정교육이었다.

또한 자식을 부끄럽지 않은 사회의 일원으로 세상에 내놓는 것이 부모의 책임이라고 생각했다.

그러나 지금은 그런 것은 아무도 생각하지 않는다. 어렸을 때부터 어떻게 하면 다른 아이들보다 뛰어나게 만들 수 있나 하는 교육 만능의 사회가 되었다.

따라서 이런 가정에서 말도 안되는 '엉터리 딸'이 육성된다는 것은 조금도 이상할 것이 없다.

게다가 밥도 지을 줄 모르는 젊은 여자가 얼마든지 있다. 그런 주제에 고급 레스토랑 등에 가면 보란 듯이 매너만은 당당하게 꾸민다.

'이 포그라 소스(거위 간으로 만든 소스)는 참 맛이 좋아요'

정도는 자랑삼아 늘어놓는다.

이렇듯 레스토랑에서는 식사 매너를 지키며 정숙하게 식사를 하지만, 일단 집에 들어오면 식탁을 떠나 텔레비전 앞에서 카레라이스를 요란스럽게 먹는다.

따라서 이렇게 키운 딸아이는 반드시 어디에선가 남자를 실망시키는 행동을 하게 된다. 그러므로 밖에서 차소면 사건을 일으키게 되는 것이다.

만약 당신이 사귀고 있는 아가씨가 차소만을 먼저 먹어버리는 태도라면 하루속히 교제를 끊는 것이 좋을 것이다. 신세를 망치기 전에.

나는 이런 이야기를 주변의 남자들에게 자주 들려준다.

그런데 나에게 그 얘기를 들었음에도 불구하고 어떤 청년으로부터 자신의 실패담을 안타깝게 들어야 했다.

그는 어느날 사귀던 여자와 교외에서 드라이브를 즐기다가 점심식사로 차소면을 권유했다고 한다.

그런데 그녀는 '내가 같이 먹으려고 집에서 김밥을 만들어 왔는데, 맛이 어떨지 자신은 없지만 싫지 않으면……' 하고 상냥하게 권하더란 것이다.

그래서 그 김밥 맛에 그만 깜빡 넘어가 버린 그 청년은 차소면을 함께 먹어보지 못한 상태에서 얼마 후에 그녀와 결혼을 했다고 한다.

그런데 결혼 후에는 김밥은 고사하고 밥도 제대로 못하는 여자였다는 것이다.

그래서 그는 데이트 당시에는 어떻게 그런 맛있는 김밥을 만들 수 있었느냐고 물었고, 그녀의 대답은 자신의 어머니가 일찍 일어나서 만들어 주었다고 했다는 것이다.

그 얘기를 끝낸 그는 역시 차소면으로 테스트해 봤더라면 좋았을 것을 하고 뒤늦은 후회를 하고 있었다.

여자의 술수에 넘어간 예지만, 이 청년이 더 불행해지지 않기를 바라고 있다.

섹스에 빠지면
남자는 빈털터리가 된다

● 악녀에게 빠져버린 유명 기업인

나는 그의 얘기를 들으며 내 귀를 의심했다.

내 인생의 대선배이며 유명인사인 그는 대기업의 중역으로서 회사에서도 좋은 평판이 자자했다.

또한 어떤 자리에서도 사람들을 웃기기도 하고 울리기도 할 수 있는, 한마디로 언변이 좋기로 정평이 나 있는 사람이다.

이 이상 더 부연하면 세상 사람들이 '아아, 누구다' 할 정도로 널리 알려진 유명인사인 그가 내 앞에서 심각하게 하는 이야기는 손녀 뻘되는 젊은 여성의 이야기였다.

그녀가 너무 좋아서 미칠 지경이라고, 그 아가씨를 위해서라면 무엇을 내줘도 아깝지 않다고, 이 나이에 무슨 정신나간 소리냐고 비웃어도 할 수 없을 정말로 그녀가 좋다는 이야기였다.
　이렇듯 그는 무려 40세 이상이나 연하인 여자의 이야기를 울다가 웃다가 하며 나에게 들려주었다. 그리고 결국은 이런 소리까지 했다.
　"나에게 그 아가씨는 성 마리아나 선녀 같은 여자야."
　상대가 동년배나 연하의 남자라면 따끔하게 충고라도 해주련만, 상대가 상대인지라 그렇게도 할 수 없었다.
　'인간이란, 아니 남자란 동물은 아무리 나이를 먹어도 정말 곤란한 존재로군.'
　나는 이렇게 속으로 중얼거릴 수밖에 없었다.
　그런데 어쩌다가 이 지경까지 되었나 하고 잠시 생각하고 있는데, 그는 양복 안주머니에서 그 여자와 함께 찍은 사진 한 장을 내보였다.
　"자, 어떤가, 후쿠도미 군. 이 아가씨야."
　그는 더 이상의 희열과 영광은 없다는 듯이 환하게 웃는 얼굴을 지어보였다.
　나는 하는 수 없이 그 사진을 집어들었다.
　그 순간 나는 하마터면 소리를 지를 뻔했다. 단순하게 그 여자의 빼어난 미모 때문이 아니었다.
　만약 이 여자가 눈앞에 나타나서 미소를 지어보이면, 남자라면 누구든지 무엇을 잃더라도 이 여자만은 차지하고 싶다고 생각할 것이 틀림없을 만큼 미인은 미인이었다.

그러나 내가 하마터면 소리를 지를 뻔했던 것은 그것 때문이 아니었다.

그녀는 내가 알고 있는 여자이기 때문이었다. 성 마리아는커녕 꼬리표가 붙은 악녀, 아니 사기꾼이었기 때문이다.

그녀를 H양이라고 가칭하겠다.

H양을 내가 알게 된 것은 어떤 유명한 음악가로부터 파티석상에서 소개를 받고 부터이다.

H양의 눈동자는 티없이 맑은 데다 용모는 여배우 엘리자베스 테일러를 닮은 빼어난 미인이었다.

거기다가 미인에게 흔히 붙어다니는 교만함이라곤 조금도 찾아볼 수 없었다.

'역시 예술가쯤 되면 동반녀도 다르군.'

나는 속으로 몰래 내 아내의 얼굴을 생각하며 씁쓸하게 웃었다.

그런데 이 아가씨가 뜻밖에도 무서운 가시를 감추고 있었던 것이 아닌가.

● 여자를 얼굴만으로 판단하면 큰 낭패

H양의 근본은 금방 드러났다.

음악가의 자택에서 적지 않은 현금과 그가 아끼는 유명 고악기(古樂器)를 가지고 꼬리를 감췄다는 것이다. 돈을 제쳐놓고라도 악기는 다시는 구할 수 없는 일품이었다는 것이다.

여자의 얼굴에 정신이 팔리면 큰 낭패를 본다.

수치심을 참고 그는 할 수 없이 경찰에 신고했다. 거기서 비로소 그는 담당 형사로부터 H양의 본성을 들은 것이다.

"이 여자가 또 일을 저질렀습니까? 어째서 여러분들은 미녀에게 그렇게 잘 넘어갑니까? 그녀는 전과 3범인 상습 사기꾼입니다."

어떤 줄을 타고 유명인사들에게 접근하는지는 모른다. 그러나 H양은 이전부터 이런 계층의, 그것도 훌륭한 신사들만 골라서 봉으로 만들어온 듯하다.

그들은 여간 큰 피해를 보지 않는 한 자신의 명예를 생각해서 경찰에 신고는 하지 않는다는 것까지 노리고 계획적으로 접근하는 것이다.

나는 어떤 방법으로 이 선배에게 사실을 전해 줄까, 큰 상처를 받지 않도록 H양의 본색을 알려줘야 할텐데 라고 속으로 이 궁리 저 궁리하고 있었다.

그때 그의 입에서 나온 말에 나는 아연실색하고 말았다.

"그런데 말이야, 후쿠도미 군. 요놈이 아주 귀여운 소릴 하는 거야. '아저씨, 나는 사실은 나쁜 여자예요. 남자들을 속여서 먹고 사는 여자예요' 라고 말야. 하하하하, 솔직한 건지, 천진 난만한 건지."

'하아, 이 양반은 쓴잔을 마실 때까지는 알아차리지 못할지도 모르겠군.'

나는 잠잠해져 버리고 말았다.

그러나 모든 사실을 알려야겠다는 마음을 굳히고, 내가 알고 있는 사건들을 모두 이야기해 주었다.

그 후일담은 모두 독자들의 상상에 맡길 수밖에.

● 빈털터리로 만드는 여자의 섹스

항간에 남성 사회에서는 빈핍여궁(貧乏女窮)이라고 불리우는 종류의 여성이 있다. 그런 여자와 잠자리를 하면 남자는 운이 쇠락한다는 것이다.

그런 여자가 빈상(貧相)이라는 뜻은 아니다. 무슨 까닭인지는 모르나 그런 여자와 관계를 한 남자들은 자꾸자꾸 쇠락해 버리는 것이다.

　게다가 잘 받아주던 여자측에서 차츰 소원해진다. 그것을 느끼면서도 남자는 떨어지지 못한다. 그러다가 결국은 빈털터리가 되어 그곳에서 자취를 감추고 만다.

　이런 이야기는 유흥업계에서는 싫증이 날 정도로 자주 들을 수 있다.

　내 주위에서도 빈궁(貧窮)이라고 공공연하게 불리우는 여자가 몇 명 있었다.

　그러나 이상하게도 그런 여자들은 항상 독신으로 있을 때가 없다.

　그런 소문을 알고 있는 남자까지도 어느 사이에 그 여자에게 빠져버린다.

　그러나 생각해 보면 이상한 일도 아니다. 그것은 그만큼 좋은 여자이기 때문이다. 얼굴은 물론 몸매나 맵시 또한 뛰어나게 아름답다.

　그뿐이 아닐 것이다.

　그런 여자라면 반드시 잠자리에서도 남자를 흡인하는 독특한 기능을 가지고 있을 것이다.

　따라서 어떻게든 결단을 내려야겠다고 고민하면서도 남자의 생리가 그 여성으로부터 빠져나올 수가 없는 것이다. 따뜻하고 평온한 밑바닥 없는 습지처럼 끌어들이는 것이다.

　'인생의 다른 모든 것은 어찌 되든 상관없다. 이대로 어디까지

든지 가라앉아 버리는 것이 내 인생이다.'

이렇게 남자로 하여금 생각해 버리게 하는 듯하다.

당연한 이야기지만 생리학적으로 불운을 가져오게 하는 여자의 성기 따위는 있을리 없다. 있는 것은 단지 모든 것을 잊어버리게 하는 굉장한 여색에 빠져서 이것저것 모두 포기해 버린 남자일 뿐이다.

빈궁이니 뭐니 불리우는 여자는 뒤집어서 말하면 절세의 미녀에다가 명기의 소유자가 아닌가.

따라서 그녀들은 어두운 성격이라고는 생각되지 않는다. 항상 남자의 주목을 받지 않고서는 안주할 수 없는 그런 여자라고 생각한다.

그래서 뜻밖에 세상 남자들의 이상형은 궁핍여궁이 아닐까 하는 생각이 들 정도다.

그러나 한편으로는 볼수록 성악녀(性惡女)라는 것은 확실히 있다.

저런 여자를 한번 품어봤으면 하고 누구든지 침을 흘려보는 타입이 바로 그렇다.

게다가 성악녀라는 것은 실은 남자의 눈으로 보면 만나는 순간 마음속 갑옷이 녹아버리는 황홀한 여자이다.

따라서 아차 잘못하면 얼굴과 몸매에 홀리고 분위기에 끌려서 최후에는 섹스에 빠져 헤어나지 못하게 된다.

뿐만 아니다. 대개의 남자들은 자기 자신도 가정도 직장도 망각하고 자멸의 길을 더듬는다.

생각해 보면 그런 류의 여자에 빠져서 회사를 망하게 한 경영자, 스캔들 때문에 정상의 자리를 빼앗긴 유명인사들이 얼마나 많은가. 아니, 그런 작은 것뿐이 아니다.

양귀비 때문에 나라와 몸을 망친 중국의 현종, 크레오파트라 때문에 길을 잘못 들게 된 시저, 요도를 위해서라면 무엇이든지 해낸 도요도미 히데요시…….

모두 당대의 절세미인과 인생을 함께 했기 때문에 멸망하지 않을 수가 없었던 것이다.

제2부
이런 여자가 남자의 인맥을 끊어버린다

인간관계를 소홀히 하는 여자는
남자의 인맥을 끊어 버린다

● 남자를 모자란 사람으로 보는 여자

　내가 알고 있는 어느 회사의 젊은 간부는 수완가로 통하고 있었다. 30대 전반인 데도 타고난 적극성과 끈기로 영업 분야에서 두각을 나타내고 있던 장래가 유망한 엘리트였다.
　그의 불도저식의 추진력은 다소 동료들간에 마찰도 있었지만 남보다 더 열심이었고, 반드시 자기가 해야 할 일은 했다. 때로는 동료들이 실수한 부분까지 커버해 주기도 해서 누구나 좋아했고 상사의 신망도 두터웠다. 여직원들에게도 동경의 대상이었다.
　그의 불도저식 작전은 사생활에서도 유감없이 발휘되었다. 거래처의 비서를 능숙하게 사로잡아 결혼을 한 것이다.

그녀는 대단한 미인이었다. 일류 대학을 나와 미국 일류 대학에 유학까지 갔다 온 재원 중의 재원이었다.

그의 인생은 장미빛으로 빛났고, 천군만마를 얻은 듯 출세가도를 달릴 것이라고 누구나 다 그렇게 생각했다.

그러나 결혼 후 그의 태도가 갑자기 바뀌어갔다. 일의 추진력은 전과 다름없었지만, 그 추진력에 가끔 억지가 섞였다. 지금까지와는 다른 행동과 말을 하기 시작했다.

그러던 어느날 너무나 어처구니없는 일이 일어났다.

영업 제일선 현장에 있던 남자 직원을 내근직으로 불러들이고, 여태껏 전표 정리나 하고 전화만 받던 어린 여직원을 갑자기 영업직으로 현장에 내보냈던 것이다.

이 믿을 수 없는 조치에 남자 직원은 의욕을 잃고, 갑자기 현장에 배치된 여직원도 위축이 되어 일이 잘 되질 않았다.

여러 차례 부하 직원들로부터의 불평과 상사로부터 충고도 들었지만 고치려고 하지 않았다.

당연히 그의 영업 실적은 엉망이 되었고, 6개월 후에는 결국 좌천되고 말았다.

도대체 왜 이런 현상이 벌어진 것일까. 원인은 똑똑하다고 평판이 자자한 부인에게 있었다.

이 남자는 학력이 고졸이어서 은근히 학력 콤플렉스를 가지고 있었는데, 행운인지 불행인지 최고 학력의 여자를 아내로 맞게 되었다.

그래서인지 아내의 말은 모두가 훌륭하고 옳은 것이라 생각하게 되었다. 갑자기 그가 말도 안되는 억지를 부렸던 것도 이 때문이었던 것이다.

아내는 외국 회사의 비서로 일한 적이 있었고, 일에 있어서 남자에게 뒤지지 않았다.

게다가 상대하는 손님들 대부분이 레이디 퍼스트인 나라에서 온 사람들이고 보니, 우먼 리브나 커리어우먼 같은 의식을 갖지 않아도 자연스럽게 자신을 높여 주었다.

그러나 사실은 그녀가 받고 있던 그러한 대우는 그녀와 같은 특수한 경우에만 국한된 지극히 개인적인 것이었다.

하지만 그녀는 모든 여성이 다 이러한 대우를 받을 것이라고 생각했다. 이제껏 귀하게만 취급받아 왔기 때문에 주위 사람들도 다 자신처럼 그럴 것이라고만 생각했다.

그래서 모든 일이 다 자신만만했고, 남편을 모자라는 사람으로 생각했던 것이다.

여성의 교육 수준이 높아지고, 핵가족 영향으로 개인주의 성향이 강해져 상대의 입장을 이해하지 못하고 자기 본위로 생각하는 사람이 의외로 많다.

● 남자를 좌지우지하는 여자

그런 그녀는 남편의 직장 이야기를 들을 때마다 뭔가 뒤떨어진 보수적인 집단이라고 생각을 했다. 그래서 뒤떨어진 환경 속에서

남자의 친구를 소홀히 하는 여자는 인맥을 무너뜨린다.

는 남편도 뒤떨어질 수밖에 없다는 생각에 남편을 자기 본위대로 주입시켰다.

그런데 의외로 남편은 자기의 생각에 순순히 동조를 하는 것이었다. 때문에 그녀는 자신의 생각에 자신감을 갖게 되었고, 사사건건 남편이 하는 일에 참견을 하게 되었다.

그뿐만 아니라 남편의 상사들에게까지 설교를 할 정도였다. 남편이 주위 사람들에게 어떻게 비춰지고, 어떻게 받아들여지고 있는지는 전혀 개의치 않았다.

이전에는 남편과 함께 술을 핑계로 자주 쳐들어왔던 젊은 부하 직원들도 점점 집에 오는 것을 기피하게 되었다.

전도유망하던 그가 정신을 차렸을 때는 이미 좌천 명령이 내려진 후였다.

여자의 말만 들은 그도 문제지만, 지나치게 주관적인 관점으로 모든 일을 자기 뜻대로 좌지우지하려 했던 여자에게 더 문제가 있었던 것이다.

내가 알고 있는 똑똑한 여자는 대체적으로 이런 성격이 많았다.

예를 들면 나와 각별한 사이인 어느 출판사의 편집인 부인의 경우이다.

어느날 그는 집에서 동료들과 같은 업계 친구들이 모여 와자지껄 술을 마시고 있었다. 잠시 후 맞벌이하는 부인이 돌아와서 같이 합석을 하게 되었다.

그 부인은 남편이 다니는 출판사와는 라이벌 관계에 있는 출판사의 편집부에 근무하는 우수한 편집자였다.

잠시 잡담이 오간 뒤, 남편의 친구가 자기의 실수담을 이야기했다. 그저 웃고 넘길 수 있는 가벼운 실수였다.

그때 갑자기 합석하고 있던 그의 부인이 경멸하는 어조로 이렇게 말했다.

"그런 실수를 하다니 믿을 수 없어요. 우리 회사에서는 갓 입사한 신입사원이라도 그런 실수는 안해요."

순간 모두 무안해할 수밖에 없었다. 그리고 화기애애하던 술자리도 금방 끝나고 말았다.

이 이야기는 다음날 즉시 출판업계에 쫙 퍼지고 말았다. 그는 한동안 그 친구의 얼굴을 대면할 수가 없었다고 한다.

훗날 그녀는 '당신이 그런 건 아니잖아요. 나는 그 사람보다 당신이 훨씬 유능하다는 것을 여러 사람에게 알리고 싶었단 말이에요' 하며 울상을 지었다 한다.

남편과 단둘이 있을 때라면 모르겠지만, 그 자리가 어떤 자리이고 어떤 인간관계로 자신의 남편이 존재하고 있는지는 알고 언행을 했어야 한다. 아무리 남편을 사랑하고 남편을 생각한 행동이라 할지라도 분명 아내로서는 실격이다.

남편의 결점을 남에게 이야기하는 여자, 남편의 교우관계를 깨뜨리는 여자, 친지의 길흉사에 무관심한 여자도 같은 부류라 할 것이다.

앞뒤를 헤아릴 줄 아는 여자가 진정 현명한 여자인 것이다.

험담을 자주하는 여자는
남자의 인간관계를 무너뜨린다

● 여자의 말만 듣고 직원을 평가한 사장

술안주 감으로 제일 좋은 것은 남의 험담이라고 한다. 동서고금을 막론하고 술자리에는 남의 험담이 끼어들게 되어 있다.

게다가 일반적으로 술자리에서 나온 험담은 관대하게 보고 있는 것도 사실이다.

그러나 술자리에서라도 험담만은 기분 나쁜 일이다.

특히 여자의 입에서 나오는 험담은 듣기 거북하다. 남자 앞에서 타인의 험담을 버젓이 하는 여자는 처치곤란이다.

게다가 그런 여자는 옆에 접근하기도 싫은 대표적 타입이다. 일을 망치게 하고 인간관계를 깨는 무서운 독소다.

세상에는 아내나 애인의 말을 듣고 부하 직원을 평가한 탓으로 실각한 사장도 있다. 미츠고시 백화점 사장이었던 오카다가 그 대표적인 경우이다.

오카다는 원래 끊고 맺음이 확실한 사람으로 정평이 나 있었다. 젊어서 긴자 지점장으로 발탁된 그는 '영(young) 노선'을 주창하여 대성공을 거두었다.

또한 문화를 판다고 외치면서 300년의 전통을 자랑하는 미츠고시 백화점에 새바람을 불어넣었다. 따라서 매상고가 급상승한 것은 물론이다.

그러던 그가 어느날 특별배임죄로 추급되는 형사 피고인의 신분으로 추락해 버렸다.

그가 그렇게 된 데에는 그의 아내 다케히사의 말만 믿고 부하 직원을 대했기 때문이었다.

오카다의 아내 다케히사는 자기에게 머리를 숙이고 오지 않는 자에게 대해서는 복장상태가 불량하니 패션 책임자로는 부적절한 자다, 술버릇이 나쁘다는 식으로 중상모략을 했다.

그러나 오카다는 처음엔 그럴리가 없다고 흘려버렸다.

하지만 아내가 두번 세번 똑같은 말을 입에 담자, 그도 색안경을 쓰고 부하 직원들을 보게 되었다.

"그러고 보니, 마음에 집히는 점이 있다."

결국엔 그도 그런 식이 되어버렸다.

그 결과 그는 심복으로 믿고 있던 전무에게도 배신당했다. 그의 해임에 반대하는 임원은 아무도 없었던 것이다. 아내의 말만

험담을 자주하는 여자는 남자의 인간관계를 마비시킨다.

믿고 부하 직원을 평가한 탓으로 원한을 사게 된 것이다. 실로 여자의 입은 가공할 만하다.

나에게도 비슷한 경험이 있다.

어떤 바의 마담이 나에게 이렇게 말했다.

"당신의 A지점 지배인이 매일 술을 마시고 다닌다 하더군요. 며칠 전에도 록뽕기의 고급 클럽에서 여자들과 흥청망청 마시고 있더래요. 게다가 그는 술버릇과 손버릇이 나쁘다고 하니 잘 감시하세요."

처음에는 그냥 흘려버렸지만, 만날 때마다 그녀는 똑같은 얘기를 하는 것이다.

그 지배인은 사실은 그만두겠다는 호스티스를 설득하기 위해서 동행했는지도 모르고, 혹은 다른 손님에게 이끌려서 같이 갈 수도 있지 않은가.

그러나 그 여자에게 여러 차례 그런 충고를 듣고 보니, 나는 술을 자주 마실 형편이 못되는 그가 의심이 가기 시작했다. 그리고 그 지배인과의 관계가 나도 모르게 서먹서먹해지고 소원해지기까지 했다

결국 그 지배인은 그만두었고, A지점의 매상은 급격히 떨어져 많은 손해를 보고 말았다.

어쨌든 샐러리맨이라면 라이벌을 칭찬해 줄 정도의 아량이 필요하다.

따라서 자기가 정상에 있을 때 라이벌을 바르게 평가하고, 충분히 실력을 발휘할 수 있는 장을 마련해 주어야 할 것이다.

● 남자의 옛 여인을 험담하는 여자

연애결혼이 늘고 있다. 서로 사랑하고 좋아하여 결혼한 젊은 커플을 보면, 참 좋은 세상이구나 하는 생각이 든다.

열애중인 남자 앞에서 옛 애인을 험담하는 여자가 있다.

내가 사귀었던 여자가 그러했다.

20대 초반 때였다. 존경하던 동네 선배 가게에서 일하고 있던 예쁘장한 Y라는 아가씨를 사귀게 되었다.

그녀는 동네에서도 성실하고 착한 여자로 알려져 있었다.

우리는 매일같이 만나다시피했다.

게다가 그녀는 화젯거리도 풍부해서 함께 다니는 것 자체가 즐거움이었다.

나는 '좋은 여자'를 연인으로 둔 것을 은근히 자랑스러워했고, 행운이라고 생각했다.

"네가 생각하는 그런 착한 여자가 아니야. 경솔한 행동은 하지 말아라."

선배나 후배의 충고도 있었지만, 처음에는 전혀 귀에 들어오지 않았다.

그런데 어디서 어떻게 조사했는지는 알 수 없지만, 내가 이전에 만나던 여자가 있었다는 사실을 안 후부터 Y양의 태도가 변하기 시작했다.

"그 여자 말이에요, 센스 없이 언제나 빨간 드레스만 입었다면서요? 그런 감각을 가진 여자라면 뻔하잖아요. 그리고 또 항상 무슨 부적인가를 소중히 간직했다면서요. 그렇다면 틀림없이 뭔가 비밀이 있을 거예요. 어쨌든 기분 나쁜 여자지 뭐예요."

그녀의 말에 나도 좋은 여자를 알게 되었다는 것에만 사로잡혀 적극적으로 맞장구를 치기 시작했다.

그러다 보니 두 사람의 대화에서 안해도 좋을, 존경하는 선배나 후배 이야기까지 나오게 되었다. 그리고 급기야 그들의 험담까지 하기에 이르렀다.

그러자 차츰 선배나 후배하고는 멀어지기 시작했다.

여자의 험담이 완전히 남자의 인간관계를 망쳐버렸던 것이다. 뿐만 아니라 Y양이 이기적인 여자라는 점도 모르고 있었다.

옛 애인을 험담하는 것은 '그런 여자를 택했던 당신은 바보다. 그러므로 나처럼 좋은 여자에게 선택받은 것을 감사하게 생각하라'고 말하는 것과 같다.

'당신에게 선택받은 사람이라면 분명 상냥한 아가씨였겠지요. 나도 노력할게요' 하고 말하는 여자와 비교해 보면, 그 차이는 두 말할 필요도 없을 것이다.

남자 앞에서 옛 애인을 험담하는 여자를 조심하라는 교훈을 얻은 것이다.

● 동료나 친구의 험담을 일삼는 여자

대개 여자의 험담은 그 사람에 대한 정확한 평가가 아니다.

따라서 그것을 그대로 믿고 부하 직원을 평가하거나 남에게 말하는 남자도 똑같은 사람이다.

어쨌든 남자 앞에서 남의 험담을 하는 여자는 신뢰할 수 없다. 내 험담도 남에게 할 우려가 있기 때문이다.

자주 '여자에게 기 죽은 남자'란 말을 접하게 되는데, 그런 남자의 아내나 애인을 보면 반드시라고 해도 좋을 정도로 남의 말하기를 좋아하고, 험담하기를 좋아하는 여자이다.

내가 잘 아는 대기업 간부에게 아들이 있었다. 시원시원한 용모에 장래가 촉망되는 젊은이였다.

그런 그에게 애인이 생겼다. 같은 회사의 A양이었다.

그녀는 매우 싹싹한 아가씨였다. 초면인 데도 스스럼없이 이야기도 잘했다.

따라서 두 사람의 대화는 으레 회사 동료나 친구들이 주 이야깃거리였다.

총무부 올드미스 아무개는 여직원들에게 남자 친구로부터 전화가 오면 매섭게 째려본다거나, 매일 옷을 갈아입고 오는 비서실의 아가씨는 한 달이 넘게 똑같은 구두를 신고 다닌다거나, 경리 과장은 매일 오후 3시만 되면 신문과 라디오를 들고 화장실에 간다는 둥…….

그녀는 남의 이야기하는 것이나 험담하는 것을 창피하거나 송구스럽게 여기기는커녕 오히려 즐기고 있는 것 같았다.

차츰 그 젊은이도 옆에서 웃으면서 맞장구를 치기 시작했다.

얼마 후, 그 젊은이도 그 여자처럼 변해 있었다.

"일전에 말했던 비서실 아가씨 말인데요, 일주일 동안 똑같은 구두를 신고 있는 것 같아요. 정말 이상하죠. 구두가 그것밖에 없어서 그러는지……."

그는 그런 얘기들을 스스럼없이 나에게 말했다.

언제부터인가 자기도 모르게 남의 말하기 좋아하는 애인을 닮아갔던 것이다.

직장 사람이 아닌 다른 사람에게 자기 직장 이야기를 스스럼없이 하는 사람은 직장에서도 원치 않을 것이다.

게다가 뒤를 책임질 수 없는 험담은 예상치 못한 결과를 초래할 수도 있다.

더군다나 자기가 남의 입에 오르내리고 있다는 생각을 한다면 그런 행동을 하지 못할 것이다.

따라서 남의 험담을 아무렇지도 않게 하는 여자라면 과감히 헤어지라고 권하고 싶다.

전화 예의를 모르는 여자는
남자의 신용을 깨뜨린다

● 남자의 신용을 실추시키는 여자의 전화

교제하는 남자의 입장을 헤아려 주지 못하는 여자는 남자에게 득이 되지 못한다. 직장에 빈번하게 전화를 거는 여자도 여기에 해당될 것이다.

하루에 한 번 정도라면 동료들도 약간의 놀림을 줄 뿐 아니라 '사랑의 확인' 정도로 생각하고 애교로 받아넘겨 줄 수 있다.

그러나 매우 비상식적인 여자도 있다. 남자가 출근하여 막 일을 시작하려는데 '따르릉', 점심시간에 식사를 하려는데 '따르릉,' 오후 회의중에도 '따르릉,' 하루에도 몇 번이고 남자의 직장에 전화를 거는 것이다.

이런 여자와 교제하는 남자는 동료들에게 바보 취급을 받을 뿐만 아니라 출세를 기대할 수 없다고 단언해도 좋다.

애인으로부터 온 전화는 아무리 눈치채지 못하게 하더라도 동료나 상사는 눈치를 채게 마련이다.

책상에 앉아서 직원들의 전화받는 모습을 보면 그 상대가 단골 고객인지 업자인지, 그리고 연인인지 금방 알 수가 있다.

연인에게 걸려온 전화일지라도 머리 회전이 조금 빠른 남자라면 임기응변식으로 얼른 얼버무린다.

"예, 그렇습니까. 알겠습니다. 오늘 저녁 6시 30분이지요? 예, 꼭 들르겠습니다."

"예, 어제는 정말 죄송했습니다. 약속대로 오늘은 꼭 참석하겠습니다."

그러나 통화하는 말 한마디 한마디를 들으면 그 두 사람의 정도가 어느 정도인지 알 수 있다.

'죄송합니다'를 연발하는 사람은 여자 관계가 복잡한 사람이고, '꼭 가겠습니다'를 연발하는 사람은 여자 쪽이 강압적이거나 데이트 약속을 어겨 여자가 몹시 화가 나 있는 경우이다.

어쨌든 여자로부터 자주 걸려오는 전화는 결코 동료들에게나 직장 상사들에게 좋은 인상을 주지 못한다는 것을 알아야 한다.

예컨대 약혼중이거나 동료로부터 축복을 받고 있는 경우라도 전화가 빈번하면 동료들의 눈초리가 달라진다.

처음에는 '야, 뜨겁구나!' 하면서 시샘을 하던 동료들도 정도가 지나치면 뒤에서 '저 녀석은 도대체 일을 하는 거야, 마는 거야'

하며 도끼눈을 하고 쳐다보게 된다.

　대부분의 여성들은 전화하기를 좋아한다. 급한 일이 없으면서도 충동적으로 전화를 한다. 그것도 장시간 전화를 한다.

　전화를 걸어 수다를 떨며 스트레스를 해소하는 여자도 많은 게 사실이다.

　우리 집사람도 전화를 걸면 보통 한두 시간씩 붙잡고 있을 때가 많다. 화를 내기도 하고, 깔깔대고 웃기도 하고, 좋은지 나쁜지 알 수도 없는 애매한 전화로 수화기를 붙들고 있다.

　나는 보다못해 옆에서 가볍게 주의를 줄 때가 많다.

　"벌써 두 시간째야. 중요한 전화가 걸려오기로 했으니, 이제 그만 좀 끊읍시다."

　그 말에 아내는 눈을 흘기면서 '그럼 다음에 또 할게' 하고 나서도 30분 정도는 더 이야기한다. 지금은 그 버릇이 고쳐져서 천만다행이다.

　어쨌든 전화기를 일단 잡았다 하면 여자는 남자의 사정 따위는 봐주지 않는다. 그러니 당연히 통화시간이 길어진다.

● 남자의 입장을 난처하게 하는 여자의 전화

　아내의 긴 전화 통화도 집에서니까 그런대로 봐줄 수 있지만, 직장 전화로 한두 시간씩 통화하는 여자도 있다.

　남자에게 괴로운 것은 여자가 사내 사정도 모르고, 수시로 전

근무중에 여자 전화를 자주 받는 남자는 신용할 수 없다.

화를 걸어오는 것이다.

　조회시간인지, 회의시간인지, 상사에게 심하게 지적을 받고 있는 중인지도 모르고 수시 때때로 전화를 한다.

　그럴 때 '자기야!' 하고 여자에게 전화가 걸려오면 '자네, 정말 일 잘하는군' 하고 칭찬해 줄 상사는 아무도 없을 것이다. '상식이 없는 여자와 사귀는군' 하고 평가 저하만 할 것이다.

　직장의 전화는 중요한 사업 도구이다.

　세일즈맨이라면 단골 고객으로부터 주문이 올 수도 있고, 손님으로부터 클레임이 걸려올 수도 있듯이 샐러리맨들은 전화벨 하나에 온갖 신경을 다 쓰고 있다.

따라서 자기에게 걸려온 전화가 아닐지라도 전화 내용에 귀를 기울인다.

그것은 남의 통화 내용을 엿듣기 위한 것이 아니라 그것이 자기에게 득이 되는 전화인가, 손해가 되는 전화인가 걱정이 되기 때문이다.

그만큼 전화에 민감한 사내 분위기를 여성들은 어느 정도나 알고 남자의 직장에 전화를 거는지 의문이다.

남자에게는 7명의 적이 있다고 하지만, 그 적은 역시 뭐니뭐니 해도 사내에 가장 많을 것이다. 틈만 있으면 결점을 찾아 발목을 잡고 일어서려는 사람도 있는 것이다.

그런 긴장감이 감도는 사내에 여자로부터 자주 전화가 걸려오면 결코 남자에게 득될 것이 없다.

이는 남자가 특히 신경써야 할 부분이다. 따라서 남자가 여자에게 사내 사정을 잘 설명할 수밖에 없다.

어쨌든 전화를 자주 거는 여자는 애인이나 아내가 될 자격이 없다. 그런 여자가 있다면 즉각 헤어지는 것이 현명하다.

● 남자를 가출하게 한 여자의 전화

여자가 너무 자주 직장에 전화를 걸어 근무를 제대로 할 수가 없어서 생각다 못해 가출했다고 하는 남자가 있었다.

사실 여러 가지 복잡한 문제가 있어서 남자가 참을 수 없어 뛰쳐나간 것인데, 그 이유 중 하나가 여자의 빈번한 전화였다.

그녀는 남자를 항상 곁에 두고 싶어하는 마음이 너무 강했다. 일하지 않아도 좋으니 집에 있으면 좋겠다느니, 항상 남자를 옆에 두고 생활하려고 했다.

그녀는 남자가 출근하면 하루에도 몇 번씩 회사로 전화를 걸었다.

남자는 당연히 일이 손에 잡히지 않았다. 그래서 한 직장에 오래 있질 못하고 여기저기 직장을 옮겨다녔다.

'당신이 집에 있으세요. 내가 대신 일할게요' 하고 여자가 일하러 간 것까지는 좋았는데, 회사에서도 수시로 집으로 전화를 걸어 남자를 옴짝달싹 못하게 했다.

그녀는 남자를 그저 애완동물처럼 기르고 싶었던 것이다.

얼마 후 남자는 집에만 틀어박혀 있을 수가 없어서 또 취직을 하려고 했다.

그런데 신문 광고에 난 취직 자리를 보고 면접을 보러갔더니 면접관이 어이없다는 표정으로 '좀전에 당신 부인께서 전화를 걸어왔는데, 당신을 채용하지 말아 달라고 하였소' 하며 채용을 거부했다.

이런 일들이 계속해서 반복되다 보니 남자는 정상적으로 일을 할 수가 없었다.

그래서 이 남자는 이런 여자와 함께 살면 내 인생이 엉망이 되겠구나 하는 생각에 집을 뛰쳐나왔던 것이다.

남자는 자기의 인생을 위해 탈출을 한 것이다.

얼마 후, 나는 그 남자를 만났다.

그러자 그가 나에게 애절한 목소리로 이렇게 말했다.

"전화 때문에 참을 수가 없었습니다. 하루에도 네다섯 번씩 걸기 때문에 일을 할 수가 없었습니다."

여자의 이상한 애정이 전화라는 형태로 나타나서 남자의 인생을 망치게 한 경우였다.

고작 전화 정도 가지고 뭘 그러냐 하는 사람이 있다면 그것은 큰 오산이다.

전화가 몇십억 엔을 벌어줄 수도 있지만, 반대로 남자의 신용을 실추시킬 수도 있다는 사실을 알아야 한다.

따라서 아무때나 수시로 남자의 직장으로 전화를 거는 여자와 사귄다면 출세도 그만큼 늦어진다는 것을 명심해야 할 것이다.

여자가 인정이 없으면
남자의 인간관계를 끊는다

● 여자가 베푼 인정으로 목숨을 건진 남자

 지나친 인정은 남자를 곤혹스럽게도 하지만, 인정이 많은 여자는 남편에게 큰 도움을 준다.
 내가 아는 대선배 중에 K라는 분은 부인의 깊은 인정 덕분에 생명을 건진 사람이다.
 제2차 세계대전 때 경찰 간부였던 K씨는 만주에서는 절대적인 권력을 가진 자였다. 단순한 경찰 간부가 아니라 울던 아이도 그의 이름만 들으면 울음을 그친다는 특수 경찰의 우두머리였던 것이다.
 게다가 그는 대저택에 살면서 일본인은 물론이고 중국인 하인도 많이 거느리고 있었다.

　중국인이나 독립운동가에게는 귀신보다 두려운 존재였던 K씨였지만, 일본의 항복과 동시에 입장이 역전되어 중국 정부군의 포로가 되어 수용소에 갇힌 신세가 되었다.

　그는 결국 특수 경찰의 우두머리로서 만주에서의 전쟁 범죄에 대하여 책임을 지고 교수형을 받게 되었다.

　그런데 처형 하루 전날, K씨는 갑자기 풀려나게 되었다. 그것은 중국 정부군 간부의 명령에 의해서였다.

　훗날 K씨는 명령을 내린 간부를 만나보고는 깜짝 놀랐다. 그 사람은 다름아닌 그의 집에서 일하던 하인이었다.

　그는 중국 정부군의 스파이로 일본 경찰 간부인 그의 집에 잠입해 있었던 것이다.

　그런 그가 어째서 K씨를 구해 줬을까. 그것은 K씨 부인의 은혜에 대한 보답이었다.

　그 사람이 K씨 집에서 일하고 있을 때, 그의 부친이 큰 병환으로 돈이 없어 변변한 약도 한번 써보지 못하고 하루하루 사경을 헤매고 있었다.

　그런 사실을 안 K씨의 부인은 당시에는 좀처럼 구하기 힘든 고가의 약을 여러 경로를 통하여 구하고는 권위 있는 군 관계 의사까지 불러 치료를 하게 해주었다.

　게다가 그녀는 그의 부친이 어느 정도 호전되자, 이번엔 영양을 보충해야 한다며 식량 사정이 나쁜 실정인 데도 쌀과 고기를 사서 손수 요리하여 먹게 했다.

여자가 인정을 베풀면 남자의 신망이 높아진다.

이렇듯 부인의 지극한 병간호로 그 사람의 부친은 나을 수가 있었다고 한다.

물론 K씨의 부인은 그 사람이 중국 정부군의 스파이란 것은 몰랐다.

다만 일을 열심히 하는 하인의 부친이 병에 걸렸다고 하여 가족처럼 생각하고 약과 의사를 보낸 것이었다.

어쨌든 K씨 부인은 당연한 일을 했다고 생각했겠지만, 당사자로서는 예상도 못했던 일이었다.

당시 만주나 중국에서는 일본인은 지배자요, 중국인은 노예와 같은 시대였다. 그런 시대에 일본인과 동등한 인간으로 대해 준 부인의 행위는 중국인 가족들에게 큰 감동을 불러일으키기에 충분했다.

따라서 처형을 중지시킨 초법규적 행위가 허락된 것도 그만큼 K씨 부인의 행동이 중국 정부군에게 감동을 주었던 것이다.

부인은 결국 두 명의 목숨을 구한 셈이다.

● 아내의 내조가 인맥을 넓힌다

인정이라는 것은 저절로 생기는 것이 아니라, 부모의 교육과 인격 등에 의해서 자연히 몸에 붙는 것이라고 생각한다.

또 부인이 인정을 베푸는 것은 남편이 할 수 없는 부분을 보충하는 지원 사격인 셈이다.

남편의 일을 이해하고, 아내로서 무엇을 어떻게 해야 할지를 항상 생각하는 여자라면 자연적인 발로라 하겠다.

남편을 대신하여 남을 보살피고, 이웃과 교제를 한다고 생각한다면 자연히 인정이 깊어지고 타인을 보살피는 행동이 생기는 것이다. 그러한 것이 진정한 내조라 할 수 있다.

나는 나 자신이 옳다고 생각하는 것은 설령 상대가 대선배라 할지라도 타협하지 않고 주장하기 때문에 종종 싸움으로 이어질 때가 많다.

나중에 아뿔싸 해도 그때는 이미 늦었다. 그 싸움이 심각한 싸움이 아니라 하더라도 기회가 없어서 화해하지 못하는 경우가 많다. 그럴 때 만일 부인이 화해를 주선해 준다면 더없이 큰 도움이 된다.

나는 어떤 선배와 아내의 주선으로 서로 화해한 적이 있다.

"제 남편이 순간적으로 흥분해서 죄송해요. 항상 당신에게 죄송한 마음을 가지고 있어요. 용서해 주세요. 남편도 충분히 반성하고 있다고 생각합니다."

나이가 한참 아래인 나를 추켜세우며 화해하는 세심한 인정에 나도 더 이상 고집만 피울 수 없어 화해를 했다.

그러나 반대로 화해를 시키기는커녕 오히려 공격하는 부인도 있었다.

"그 양반을 화나게 했으니 나도 모르겠어요. 그 양반은 워낙 완고한 사람이라 한번 화가 나면 나도 속수무책이니까 당신이 책임지세요."

나는 그 이후로 그 부인뿐만 아니라 그녀의 남편과도 교제가 끊기고 말았다.

볼일이 있다거나 초대를 받아도 그 부인의 얼굴이 보기 싫어 가지를 않았다.

이처럼 인정이 없는 여자는 남편의 인간관계만 끊을 뿐이다.

여자가 음식을 맛 없게 먹으면
남자의 인맥을 망친다

● 음식은 만드는 사람의 정성

여자와 음식은 매우 밀접한 관계가 있다. 흔히 말하는 식사 매너나 음식 솜씨를 말하려는 건 아니다.

여자와 음식은 뗄려야 뗄 수 없는 관계여서 여성잡지 등에는 빠지지 않고 음식에 관한 기사가 나온다. 맛있는 프랑스 요리를 먹을 수 있는 식당 안내라든가, 식사 매너라든가, 포도주 고르는 법 등이 자세하게 쓰여 있다.

그러나 이런 것에만 신경을 써서 멋을 내는 것이 우아하고 멋진 여성이라고 착각하는 여자도 상당히 많다.

이런 여자는 초대를 받아 다른 집에서 식사를 할 때는 음식을 많이 먹는 것이 천박스럽다고 생각하는지, 정성들여 내놓은 음식을 조금씩밖에 손을 대지 않는다. 음식을 권해도 살이 찐다며 거절을 해서 분위기를 망쳐놓는다.

이런 여자는 아무리 용모가 뛰어나고 매너가 좋아도 식사에 초대한 쪽이 오히려 부끄러워진다.

게다가 이런 류의 여자는 초대한 쪽에서 불쾌한 기분마저 들어 두번 다시 식사에 초대하고픈 마음이 들지 않는다.

그러나 다소 예절은 없더라도 내놓은 음식을 맛있게 먹어주는 여자는 대접하는 사람의 마음을 흐뭇하게 한다. 그래서 다시 한 번 초대하고 싶어진다.

음식을 어떻게 먹느냐로 여자의 품성을 알 수 있다.

사람들의 식사 태도에는 만든 사람과 초대한 사람, 그리고 동석한 사람들에 대한 마음의 배려가 분명하게 나타난다.

아사히 맥주회사의 중역인 M씨의 에피소드가 생각난다.

그는 잉어를 매우 싫어했다. 그래서 잉어 요리가 나오면 절대 손을 대지 않았다.

그가 젊었을 때의 일이다.

나가노 현의 지점장으로 부임하여 도매상 등에 인사차 방문을 했다가 식사를 하게 되었다.

그러나 그곳 음식점에서 나온 음식은 불행하게도 잉어국과 잉어회 등 그 지방의 명물인 잉어 요리뿐이었다.

그는 몹시 난처했지만 앞으로도 사업상 자주 만날 사람들의 정성어린 대접이므로 싫다고 할 수는 없었다.

음식을 맛있게 먹는 여자는 성품이 좋다.

그는 꾹 참고 웃는 얼굴로 한두 입을 먹었다. 그 연기가 어찌나 리얼했던지 상대방은 정말로 맛있게 먹는 것처럼 보았던 모양이다. 그래서 특별 요리를 더 주문해 줬는데, 이번에는 말린 잉어 요리였다.

그는 이왕 이렇게 된 것 어쩔 수 없다는 생각에 눈을 딱 감고 먹었다. 상대방은 이번에도 그 먹는 모습이 마음에 들었던 모양이다.

"잉어 요리는 우리 고장의 자랑입니다. 맛이 천하일품이지요. 눈을 딱 감고 맛을 음미하면서 드시는 것이 지점장님은 잉어 맛을 알고 드시는 분같으세요. 잉어를 좋아하십니까?"

그 물음에 그는 자신도 모르게 '예' 하고 대답하고 말았다.

"그렇게 좋아하신다면 제 것도 드십시오. 저희들은 언제든지 먹을 수 있으니까 많이 드십시오."

옆자리의 사람이 자기의 말린 잉어 요리를 M씨 앞에 내놓으며 말했다. 그러자 여기저기서 서로 자기의 잉어 요리를 M씨 앞에 내놓는 것이었다.

그는 이제 와서 사양할 수도 없고 해서 울며 겨자 먹기 식으로 먹을 수밖에 없었다.

그런데 어찌 된 영문인지 다음날 병원에 실려가 1주일 동안 입원을 했다.

우둔하다고 해야 할지 모르겠지만, 나는 이 이야기를 듣고 대접하는 사람의 마음이 섭섭하지 않게 필사적으로 노력했던 M씨의 따뜻한 마음 씀씀이에 매우 감동했다.

자신의 건강을 해치면서까지 무리한 것은 좋지 않았지만, 그런 마음이야말로 우리가 하루 세 끼 식사할 때에 꼭 필요한 것이다.

또한 이런 마음이 한솥밥을 먹는다는 친밀감도 생겨나게 한다고 생각한다.

● 음식을 맛있게 먹는 여자

음식을 맛있게 먹는 것은 자신은 물론 상대에게도 좋은 인상을 주어 상대를 기쁘게 해준다. 즉 일거양득인 셈이다.

음식을 맛없게 먹으면 아무리 맛있는 음식도 맛없게 보인다. 그러다 보니 편식을 하게 되어 영양의 균형도 맞지 않는다.

이런 여성은 그 상태가 직접적으로 용모에 나타난다. 우선 표정이 활기가 없고 어두워진다.

혼자서 식사를 할 때라면 어떤 표정으로 어떻게 식사를 하든 상관없다. 그러나 상대가 있을 경우에는 그런 표정이나 분위기는 상대에게 불쾌감만 줄 뿐이다.

아내 자랑같지만 내 아내는 밖에 나가면 무엇이든, 몸에 좋고 나쁨을 가리지 않고 잘 먹는다.

언젠가 거래처의 초대를 받아 교토에 아내와 함께 가 식사를 한 적이 있었다.

"이렇게 맛있는 음식은 먹어본 적이 없어요."

아내는 맛있게 먹으며 이렇게 말했다. 그래서 옆에서 보고 있던 나도 덩달아 맛있게 먹었다.

그러나 나는 아침부터 저녁까지 계속된 음식 공세로 어느 정도 배가 부르고 음식에 질려 있는 상태였다. 하지만 아내는 아무렇지도 않은 듯 계속 궁금해 했다.

"이번엔 어떤 음식이 나올까?"

집에서는 입도 대지 않던 음식을 그곳에서는 아무렇지도 않다는 듯 먹는 것이었다.

"다음에 오실 때도 꼭 부인을 데리고 오십시오."

음식을 맛있게 먹는 아내의 모습을 보면서 초대한 사람도 매우 흐뭇해 하며 신신당부했다.

여하튼 남에게 대접을 받을 때는 상대에게 불쾌감을 주지 않도록 음식을 맛있게 먹는 것도 남편에게는 더할 수 없는 지원 사격이 된다.

● 여자가 미각이 둔하면 비극

사람은 살아가는 한 음식과 떨어질 수가 없다. 먹는다는 것은 인간에게 가장 중요한 것이고, 그 먹는 일을 즐겁게 하는 것이 미각이다.

음식의 종류는 셀 수 없을 만큼 많지만, 그 하나하나가 만든 사람과 먹는 사람이 조화를 이루고 있다고 말할 수 있다.

바꿔 말하면 만든 사람과 먹는 사람이 대화를 하는 것이다. 생선이면 생선, 야채면 야채가 갖는 맛과 먹는 사람의 혀가 대화를 하고 있는 것이다.

이런 미묘하고 섬세한 맛의 세계에 전혀 관심이 없는 여자도 있다. 단순히 영양학적 수치만 지키면 인스턴트 식품이건 맛이 어떻든 상관없다는 식의 여자를 만나면 나는 줄행랑을 치고 싶어진다.

어느 여성 평론가는 이렇게 말했다.

"남편이나 남자를 위해 맛있는 음식을 만드는 것은, 남자에게 종속된 옛날 여자들이나 하는 행동이다."

그녀는 그럴 시간이 있으면 자기 성장의 시간으로 사용하는 것이 훨씬 지적이고 매력적인 여자라는 것이다.

맛있는 음식을 정성들여 만드는 여자가 많으면 많을수록 여자들에게는 손해라고? 내가 보기엔 전혀 그렇지 않다.

미각이라는 것은 그것을 맛보는 사람과 만드는 사람과의 인간적인 매력의 표현물이다.

미각이 둔한 사람, 또 별로 관심이 없는 사람은 인간과 인간이 마음을 주고받는 미묘한 세계를 전혀 이해할 줄 모르는 사람이다. 이런 여자를 아내로 맞는다면 비극이다.

남편의 기분이 가라앉아 있는지, 피곤한지, 혹은 일이 성사되어 축배를 들고 싶은지 전혀 헤아리지 못하고 영양학적인 수치만 맞으면 양념 따위는 넣지 않아도 그만이라는 식이라면, 금붕어에게 주는 먹이와 무엇이 다르겠는가.

제3부
이런 여자가
남자의 기를 빼앗는다

호들갑을 떠는 여자는
남자의 기를 위축시킨다

● 험처(險妻)와 험녀(險女)

　남자에게 가장 괴로운 것은 침울해 있을 때 여자까지 함께 침울해 하는 것이다. 이런 여자가 곁에 있으면 남자는 슬럼프에서 헤어나지 못하고 점점 좌절이 깊어진다.
　이런 여자를 '험처(險妻)', '험녀(險女)'라고 부른다.
　여기서 음험(陰險)의 험과 위험(危險)의 험, 이 두 가지 의미를 다 지닌 험처와 사는 남자는 정말로 불행한 남자이다.
　나와 20년간 사귄 친구 중에 작은 회사를 경영하고 있는 남자가 있다. 항상 조심스럽고 얌전한 남자로, 성격이 반대인 나하고 묘하게 마음이 잘 맞았다.

그가 어느날 내게 한숨을 쉬며 말을 꺼냈다.

그의 얘기는 이러했다.

어느날 그는 거래처인 건설회사에 납품한 철골의 길이가 모두 잘못되어 그 회사에서 심한 질책을 받고 집으로 돌아왔다.

"골치 아프게 생겼어. A건설에 납품한 철골에 문제가 생겨 엄청난 손해를 볼 것 같은데, 무슨 방도가 없을까?"

"내가 뭐랬어요. 항상 종업원들에게는 엄격하라고 했잖아요. 그냥 풀어놔 주니까 그렇잖아요."

그리고는 아내는 '왜 나는 이리도 복이 없는지 몰라' 하고 신세타령과 자기에게 닥칠 불행한 사태만을 걱정하고 있었다.

그날 밤 부부 사이에 대판 싸움이 있었던 건 두말할 필요가 없다. 결국 그 사태는 친구들의 도움으로 무사히 해결은 됐지만, 그냥 무엇을 잃은 듯 뒷맛이 씁쓸했다고 한다.

남편의 불행은 걱정해 주지 않고 '나는 복 없는 여자'라면서 자신의 인생에 대한 걱정만 하는 아내를 보고는 결혼을 잘못했구나 하는 생각을 했다는 것이다.

음험한 여자는 남자의 인생도 음험한 곳으로 몰고 갈지 모른다. 때문에 험처라고 하는 것이다.

● 현처(**賢妻**)의 내조

반면에 현처라면 아무렇지도 않은 듯 '괜찮아요. 힘내세요' 라

여자의 따뜻한 말 한마디가 좌절을 극복하게 한다.

고 했을 것이다. 그리고 유머도 잊지 않았을 것이다.

내가 잘 아는 운수업 사장이 있었는데, 때마침 불어닥친 불황으로 끝내 도산을 하고 말았다.

집에서 횟술을 마시고 있던 어느날 밤이었다.

그의 아내가 갑자기 식탁 정리를 하기 시작했다. 그는 기분이 나빴지만 내색하지 않고 '벌써 영업 끝났소?' 하고 농담을 했다.

그러자 아내는 씽긋 웃으면서 '괜찮아요. 천천히 드세요. 좀 정리할 게 많아서요' 하면서 식탁을 정리하는 것이었다. 마음이 심란했기 때문일 거라고 충분히 상상은 되지만, 태연을 가장하며 불안을 내색하지 않았던 것이다.

그는 자신이 잠시 아내의 행동을 오해했던 것이 머쓱해서 머리만 긁적거렸다 한다.

아내의 이러한 태도가 그를 깊은 절망의 늪에서 구출해 내어 지금은 택시 회사의 사장으로, 종업원도 수십 명 거느리고 있다.

'험처'와 '현처'의 차이는 이렇게 큰 것이다.

● 태연자약한 여자

내 아내는 무슨 일에도 절대 동요되지 않는 여자다. 사소한 것에 놀라지 않는다. 무슨 일이 있어도 침착하다.

반면 나는 걱정이 많은 형이다. 이 점에서 나는 아내의 도움을 많이 받는다.

같이 침울해진다면 정말 기가 죽고 말 것이다. 이 점에서 아내의 성격에 늘 감사하고 있다.

나는 어려서 큰 병을 앓은 경험이 있다. 그래서 조금만 아파도 병원으로 달려간다. 의사에게 보이고 나면 안심되지만, 그 전까지는 온 집안이 한바탕 소란을 피운다.

"열이 있는 것 같은데, 체온계를 가져와. 37도가 넘었어. 어떻게 하지?"

"뭘 그까짓 것 가지고 야단이에요. 감기약 먹고, 한숨 푹 자고 나면 나을 거예요. 그래도 병원에 가시겠다면 다녀오세요."

아내가 태연자약하게 '그 정도의 열은 괜찮다'고 말해 주면, 속으로 '하긴 그래' 하면서 묘하게 안심이 된다.

사실은 내가 짐짓 요란을 떠는 것도 이런 아내의 태연한 말을 듣고 싶어서이다. 물론 병이 났을 때만 그러는 것이 아니다.

주식투자를 좋아하는 나는 주가가 내려가면 또 떠들썩해진다.

"어? 큰일났다. 내 주식이 1만 엔으로 떨어졌다. 오늘 하루에 내 재산이 4천만 엔이나 줄어들었군."

"떨어지면 또 오르겠지요. 당신 혼자만 손해보는 건 아니잖아요. 그리고 내려가면 오르게 되어 있어요."

매사에 아내는 이런 식이었다.

'뭐예요, 당신, 그런 것 가지고 벌벌 떨고……' 하는 말 한마디에 나는 항상 원기를 되찾는다.

'당신, 요즘 너무 원기가 없어요. 힘을 내세요' 하는 말에 기운이 솟는다. 이것으로 또 안심한다.

아내가 태연하기 때문에 '그럼 어떻게 할까' 하고 차후책을 생각할 마음의 여유도 생기는 것이다.

나의 약점을 아내가 안에서 잘 감싸주기 때문에 밖에 나가서도 더욱 자신있게 일할 수 있는 것이다.

● **여자의 격려를 듣고 싶어하는 남자**

어느 텔레비전 프로그램 중에 '인생 상담' 코너가 있다.

어느날 그 코너에 출연한 어떤 부인이 이렇게 말했다.

"우리 남편은 엄살이 너무 심해요. 날마다 사사건건 엄살과 불평뿐이에요. 예를 들면 조금 감기 기운이 있어도 '아이고, 죽겠다. 나는 이젠 죽는다. 가망이 없다'고 하면서 이불을 뒤집어 씁니다. 이렇듯 너무 엄살을 부리는데, 어떻게 하면 좋을까요?"

그때 상담을 하던 어느 심리학자가 이런 조언을 했다.

"남자는 오히려 여자보다 약할 때가 많습니다. 완력이나 폭력은 강할지 모르지만, 어느 면에서는 여자를 능가할 수 없지요. 따라서 몸이 아프든지 할 때는 남편이 아내에게 응석을 부리는 것이니, 적당히 알아서 받아주십시오. 이를테면 '내가 곁에서 보살펴 줄테니 안심하세요' 정도로 위로해 주는 것도 좋은 방법입니다."

나 역시 그 심리학자의 조언에 대찬성이다.

여자는 임신을 해서 아이를 출산하니까 피를 봐도 그리 놀라지 않는다. 생리가 있는 것도 영향을 받고 있는지 모른다.

그러나 남자들은 나이프로 손을 조금만 다쳐도 '아이고, 약을 가져와. 붕대를 가져와' 하고 야단법석을 떤다.

하지만 아내는 아이들이 다치고 들어와도 절대 당황하지 않는다. '어쩌다가 다쳤니? 괜찮다, 이리 와' 하고 집에 있는 비상약으로 침착하게 손봐준다.

이와같이 여자에 비해서 남자는 약한 면이 확실히 있다. 그것을 그 심리학자는 '응석'이라고 표현했다.

어쨌든 그것이 응석이든 뭐든 남자가 그렇게 하는 것은 여자에게 본심으로 하는 것은 아니다.

질병이나 상처나 사업상의 일로 슬럼프에 빠져 있을 때, 아내에게서 무슨 위로의 말이라도 한마디 듣고 용기를 얻어보려고 기대를 걸고 하는 것이다.

그런데 문제는 남자는 야단법석인데, 여자가 무관심한 것이다.

어쨌든 남자는 여자에게서 격려와 위로의 한마디를 듣고 싶어한다.

따라서 그 한마디를 할 수 있는 여자와 하지 않는 여자와는 상대 남자의 슬럼프 회복도에 많은 차이를 가져다준다.

섹스에 불만이 많은 여자는
남자의 의욕을 상실시킨다

● 남성의 물건에 불만 많은 여자

세상에는 상상을 초월할 정도로 무신경인 여자도 있다. 그 전형적인 것이 남성의 물건 사이즈를 놓고 이러쿵 저러쿵 하는 여자다.

"요게 뭐야. 너무 빈약해……."

이런 소리를 들으면 남자는 당장 쥐구멍이라도 찾을 정도로 자존심에 상처를 받는다.

게다가 남자로서의 전존재가 부정당하는 것처럼 느끼게 되고, 의욕이 완전히 상실되고 만다.

얼굴이 어쩌니, 키가 어쩌니, 돈벌이가 어쩌니 하는 말을 들어도 그것은 참을 수가 있다.

그러나 남성에게 있어 물건의 대소에 관해서 언급당하는 것만은 참을 수가 없는 것이다.

"나무젓가락 같애."

"그렇게 빨리 해버리면 어떻게 해."

사이즈뿐 아니라 시간과 테크닉까지 불만을 터뜨리는 여자가 있다. 일이 끝난 후 등을 돌린 채로 종알대는 것이다.

이런 말을 들으면 남성은 치명적인 펀치를 맞은 거나 다름없다. 남자로서, 아니 인간으로서 살아갈 가치도 없다고 선고를 받은 것과 같기 때문이다.

이렇게 되면 일이 여기서 끝나는 것이 아니다.

밤의 잠자리뿐만 아니라 낮의 사업이나 대인관계 전반에 걸쳐 악영향이 미치게 된다. 이상하게 주눅이 들게 된다. 이것이 문제인 것이다.

그래서 그런 남자는 자신도 모르는 사이에 쓸데없는 허세를 부리게 되기도 한다.

여자에게서 들은 말이 마음 한구석에 남아 있다가 문득문득 떠오르기 때문이다.

게다가 그 기억이 자꾸 떠오르게 되면 하는 일이 위축되기도 하고, 억지로 건방지고 거칠어지기도 한다.

그만큼 섹스에 대한 여자의 평가는 영향력이 크고 상대를 손상시키는 것이다.

그러나 반대로 자기의 성적인 매력을 칭찬받으면 우쭐해지고 용기가 불끈 솟아오른다.

이렇듯 '빈약하네요'라고 듣는 것과 '와아, 너무 멋지네요'라고 듣는 것과는 남자의 원기에 천지 차이가 생기는 것이다.

가령 어떤 일에 실패하여 좌절하더라도 섹스에서 칭찬을 받으면 그것만으로도 남자는 다시 재기하려는 원기가 솟구쳐 오르는 것이다.

이렇게 보면 남자라는 것은 아주 단순한 동물이다.

● **격려와 칭찬은 원기회복의 특효약**

처음부터 남자의 물건에 대해서 칭찬을 하면 그 여자의 과거가 의심스럽게 생각될지도 모른다. 상대가 직업여성이라면 마치 과찬하는 듯한 느낌이 들어서 머쓱해지기도 하겠지만.

어쨌든 남자는 아무리 잘난 척하지만, 마음 한구석에는 누구나 콤플렉스를 안고 있다.

특히 남성의 물건에 대해서는 어렸을 때부터 끊임없이 불안과 싸우면서 살아왔다고 해도 과언이 아니다.

따라서 여자에게 칭찬받았을 때의 기쁨은 말로 표현할 수 없을 정도이다.

"와아, 당신 멋져. 난 완전히 녹초야……."

일이 끝난 후 여자가 이런 식으로 만족스러워하면 남자는 무엇이든지 할 수 있을 것 같은 자신감을 가지고 '이 여자를 행복하

섹스에 대해 불만을 토하면 남자는 열등감에 싸인다.

게 해줘야지' 하는 결심도 하게 된다.

게다가 불안과 콤플렉스도 어느 정도 용기와 자신감으로 반전시킬 수가 있다.

사업을 하는 데 있어서도 이와같다고 말할 수 있다.

최근의 예를 들면 미츠고시 백화점의 오카다 사장과 부인 다케히사의 관계가 그 전형일 것이다.

그녀는 처음 만났을 때부터 오카다에게 이렇게 항상 말해 왔다고 한다.

"당신은 앞으로 반드시 대기업 사장이 될 수 있는 큰 그릇이에요."

그녀는 술자리나 사업에 관한 회의석상에서나 혹은 침실에서도 끊임없이 격려해 왔다.

오로지 남편에게 자신감과 의욕을 심어주려고 암시를 주어왔던 것이다.

지금에 와서는 극악의 커플이 되고 말았지만, 그 당시에는 야심과 재능이 다른 사람보다 한 단계 높은 존재였을 것이다.

어쨌든 남자의 향상심이나 야심을 끊임없이 자극시키는데 특효약은 여자의 격려와 위로의 말이다. 특히 섹스에 대한 칭찬의 말이다.

● 애교 섞인 거짓말

남자가 의기소침해서 밥도 먹기 싫은 상태가 되면 어지간한 중증이라고 할 수 있다.

아내가 아무리 신경써도 어쩔 수 없고 의욕이 시들어 버리는 시기가 남자에게는 있는 것이다.

다시 말해서 소위 중절(中折)이라고 하는 것인데 3,40대에 갑자기 조루의 징후가 나타나는 현상이다.

이 시기가 되면 대개 남성 사회에서는 직장 동료의 라이벌들과 최초로 차이가 뚜렷이 나타나는 시기다.

무턱대고 남들보다 튀는 행동을 할 수도 없고, 그렇다고 시들어 버리기에는 너무 이르다.

그러나 회사나 주위의 평가는 너무 냉엄하다. 연공서열을 기다리며 안주하는 것은 옛날 이야기다.

그런데 이런 때의 남자의 심리는 어떤 것일까. 한마디로 말하면 불안 그 자체이다.

더군다나 불평불만을 토로하는 것은 수치요, 또 패배선언과도 같다.

따라서 인내심을 가지고 새국면이 전개되는 기회를 기다려 보든가, 다른 장소에서 자기의 재능을 충분히 발휘할 곳을 생각해 보게 된다.

요컨대 고민에 빠지게 된다.

인간은 고민하면 고통스럽다.

그것은 나이와는 별로 관계가 없다.

단지 그 처리 방법이 울고 화를 내든지, 술을 마시든지, 종교로 승화시키든지 각기 천차만별일 따름이다.

만약 이런 때 여자에게 치명적으로 무시당하는 말을 들었을 때는 어떨까.

불안 초조하고 자신감을 잃게 됐을 때 남자의 생명력의 근원이라고 할 수 있는 성기마저 쓸모가 없다고 무시당했으니, 남자는 자기의 모든 것이 다른 사람보다 열등하다는 자멸감에 빠져버리고 마는 것이다.

이렇게 되면 의욕을 일으켜 보라고 해도 무리다. 최후의 버팀목이 무너져 버리면 쓰러져 버리고 만다. 자꾸자꾸 수렁으로 빠져들고 말게 된다.

이럴 때 여자, 특히 아내나 애인이 무심코 토해낸 한마디가 남자를 간단히 허물어 버릴 수가 있다.

따라서 다소 물건이 다른 남자보다 작고 정력이 약하다 하더라도 '충분하다, 강하다, 나는 만족한다' 등 애교 섞인 거짓말로라도 남자를 기쁘게 해주면, 남자는 의외로 힘을 얻고 분발할 수 있게 된다.

취미를 공유하지 못한 여자는 남자의 즐거움을 빼앗는다

● 여자의 감탄사 한마디

내가 가장 좋아하는 것은 아내가 기뻐하는 얼굴을 보는 것이다고 말하면, 팔불출이라고 비아냥거릴지도 모른다.

그러나 이것은 숨길 수 없는 사실이니 비웃어도 할 수 없다.

나는 옛날 풍속화를 수집하는 것이 취미다. 신기한 그림을 발견했을 때는 먼저 아내에게 보인다.

"여보, 이 그림 어때? 가슴이 울렁거릴 정도 아니야?"

아내는 만면에 웃음을 띄우고 이렇게 말한다.

"어머! 정말 멋있네요. 이렇게 좋은 그림을 어디서 구했어요? 당신의 수완은 정말 알아줘야 한다니까요."

처음부터 아내에게 옛 풍속화에 대한 취미나 그림을 보는 안목이 있었던 것은 아니다. 남편이 좋아하니까 여기에 관심을 가지고, 취미를 공유하려고 노력한 결과인 것이다.

이것은 기쁜 일이다. 구태여 깊은 지식은 없더라도 남편의 취미에 관심을 가져주게 되면, 자연히 대화가 늘게 되고 함께 있는 시간이 많게 된다.

그러나 남편이 자기 취미에 대해서 이야기할 때, 딴전을 피우며 코방귀나 뀌면 단번에 흥이 깨져 버린다. 단순히 요즘 젊은 여성들처럼 눈을 반짝이며 관심을 기울여 주는 것만으로도 남편은 기뻐할 것이다.

취미라는 것은 말할 것도 없이 그 인간의 성격의 일부이다. 따라서 자기 취미에 관심을 가진다든지, 호의적 반응을 보이면 즐거워하지 않을 사람은 없을 것이다.

취미는 바꿔 말하면 일상생활의 큰 즐거움 중의 하나이다. 그러므로 그것을 경시하거나 관심을 전혀 보여주지 않으면, 도대체 나를 바보 취급하는 것이 아닌가 하고 생각되어 심지어는 부부의 애정에까지도 찬물을 끼얹게 될지도 모른다.

● 남자의 취미를 비아냥거리는 여자

대개 술마시기와 여자 만나기가 취미라는 사람을 제외하고, 어떤 것도 완전히 거부하고 싶다는 사람은 아마 없을 것이라고 생각한다.

　그러나 세상에는 여러 종류의 사람이 있다. 옆에서 보기에는 부러움의 대상으로 느끼지만, 아내에게는 냉대당하는 경우도 있다.

　내가 아는 사람 중에 카메라광이 한 명 있다. 그는 어렸을 때부터 워낙 카메라를 좋아했다.

　그러나 전쟁 직후 청년 세대를 보냈기에 쓸만한 카메라를 가질 만한 여유가 있을리 만무했다.

　그 후 그는 차츰 생활이 안정되고 아이들도 학교에 진학하게 되자, 그때서야 겨우 자기가 염원하던 카메라를 가질 수가 있었다.

　그는 그 카메라로 여러 가지 풍경을 찍기 위해서 자주 외출을 하게 되었다.

　그러나 그의 아내는 그것을 좋아하지 않았다. 그래서 그는 정말 풍경이 좋은 사진을 찍어와 이렇게 유혹도 해보았다.

　"이 산의 단풍은 너무 아름답더군. 다음에 같이 가면 어떨까?"
　하지만 그녀는 관심을 보이기는커녕 비아냥거렸다.
　"그렇게 비싼 카메라로 찍으면, 아무나 사진작가가 되는 줄 아나보죠?"
　또 이렇게 짜증을 내기도 했다.
　"집에서 현상하는 것은 그만둬요. 현상액 냄새가 너무 역겨워 이제는 지긋지긋해요."

　이래서는 남자는 견딜 수가 없다. 오랫동안 가족을 위해 필사적으로 일을 해서 생활기반을 다져놓고, 겨우 시작한 염원의 취미생활이 아닌가.

남자의 취미를 이해 못하는 여자는 의욕을 좌절시킨다.

그는 다른 것은 몰라도 이러한 심정을 아내가 이해해 주기를 바랬던 것이다.

그는 카메라가 좋았던 것은 사실이다. 하지만 그 이상으로 취미를 통하여 행여나 소원해지기 쉬운 부부간의 마음의 교류 같은 것도 회복시키고 싶었던 것이다.

어쨌든 오랜 시간 걸려서 비로소 얻을 수 있었던 마음의 평온을 공유할 수 있는 것은 자기 아내와 친구밖에는 없는 것이다.

그 후 그 남자의 아내는 남편의 취미를 소홀히 여김으로서 부부간의 마음의 파이프까지도 스스로 막아버리는 결과를 초래하는 것이 되고 말았다. 촬영 여행지에서 사진을 찍어준 것이 인연이 되어 그에게 젊은 연인이 생기게 되었던 것이다.
 나는 그가 바람 피운 것을 덮어줄 생각은 추호도 없다.
 하지만 그 책임의 절반 이상은 남자 쪽이 아니라 아내 쪽에 있는 것으로 생각된다.

● 자기 취미를 강요하는 여자

 이것만은 고상한 취미라 생각하고, 상대에게 강요했다가 거부당하고 인간관계마저 끊기는 경우도 있다.
 "여하튼 내 기호에 맞춰야 해."
 이런 강요도 상대방에게는 견딜 수 없는 고통이다. 전혀 흥미가 없으면서도 동조하는 것은 사람에 따라서는 상당한 부담이 될 수 있기 때문이다.
 게다가 취미의 강요가 상대의 기분을 무시해서 마음과 마음을 연결하는 파이프를 납으로 막아버리는 경우도 흔히 있다.
 부부라면 함께 있는 시간도 많고, 대개는 남편의 취미에 아내가 이해를 하고 동조하게 되는 것이 보통이다.
 그러나 그러한 관계가 아닐 때는 자기의 취미를 공유해 주길 바라는 마음이 앞선 나머지 심한 강요로 밀고 나가게 되는 경우도 있다. 이를테면 샐러리맨들 사이에서 마작을 강요당하는 경우가 이에 해당된다.
 자기 자신이 마작을 좋아한다는 것은 그렇다 치더라도 타인에게 자기가 즐겨하는 것을 강요하는 것은 좋을리가 없다.
　각자에게는 취미나 생각하는 것이 따로 있기 마련인데, 강요를 당하면 그 취미뿐만 아니라 당사자에게까지 반발을 가지게 될 수도 있다.
　최근 여성들의 골프 붐이 일고 있다. 골프 자체는 재미도 있고, 건강에도 좋은 스포츠라고 생각한다.
　그러나 나에게는 하루를 완전히 소비해 버리는 게임일 뿐이다. 그래서 아예 시작할 생각이 없다.
　그런 골프를 얼굴을 마주칠 때마다 배우라고 권유하는 여자 친구가 있다.
　또 이렇게 말해 주는 사람도 있다.
　"후쿠도미 씨는 구두쇠라 골프 도구를 사는 돈이나 골프장 사용료가 아까워서 그러는 모양인데, 클럽에서 빌릴 수도 있어요."
　그것은 그런대로 고맙지만, 이런 식으로 나오는 데는 참을 수가 없다.
　"골프를 안한다는 것은 이해가 안돼요. 바보 아닌가 몰라. 무엇인가 비뚤어진 열등감 때문이 아닐까."
　자기 취미의 즐거움을 열심히 설명하는 것은 좋으나, 이쪽 기분을 무시한 채 강요당하면 왜 저렇게 머리가 안 돌아가는 여자일까 하고 느끼게 된다.
　골프족을 멸시하고 손을 안 대는 것은 아니다. 재미있다는 것은 알고 있지만, 자기 나름의 생각 때문에 하기 싫어하는 사람도 세상에는 있다.

어쨌든 이런 부류의 여자는 무신경한 여자다. 시야가 좁은 타입의 사람에게는 흔히 있는 일이지만, 성인 남자가 할 마음이 없을 때는 그 나름의 이유가 있는 것이다.

타인, 특히 남편이나 애인에게 자기의 취미를 밀어붙이는 여자는 어딘가 뻔뻔스럽고 제멋대로 억지부리는 면이 엿보인다.

이런 여자와 함께 살면 평생 동안 자기가 좋아하는 것도 못 먹고 해볼 수도 없으며 구경할 수도 없게 된다. 그런 인생을 행복한 인생이라고 말할 수 있을까.

여자가 너무 참견하면
남자는 의기소침해진다

● 화려한 나날을 보내던 남자

내 친구 중에 A라는 남자가 있다.
그는 대단히 센스가 있는 코미디언이었다.
당대의 스타 후루카와 밑에서 출발해 상당한 가능성을 보이다가 도중 하차한 그는 미군 PX에서 구두닦이 등의 불우한 시절을 겪기도 했지만, 기회를 잘 포착해 서서히 빛을 되찾기도 했다.
그는 라디오와 텔레비전에도 출연했다. 대스타는 못 되지만 실력은 인정받는 편이었다.
그와는 묘한 인연으로, 내가 잘 나갈 때에는 실의에 빠져 있는 경우가 많았다.

하지만 그는 실력도 야심도 있는 사나이라서 그런 때는 나를 보며 새로운 의욕을 불태우기도 했다. 내가 클럽의 지배인 일을 하고 있는 것을 알고, 그도 분발하여 고급 클럽의 지배인 자리를 얻어내기도 했다.

그 후 내가 시부야에서 클럽을 운영할 때에는 그를 고용하기도 했는데, 참으로 일을 잘해 주었다.

본래 남의 기분을 잘 파악하고 즐겁게 해주는 재능이 있는 남자가 정성껏 일을 하기 때문에 누구든지 금방 단골손님이 되고, 여자들에게 인기도 얻을 수 있었다.

호스티스들을 다루는 데 있어서도 탁월했다.

할말은 확실히 하는 반면, 그녀들을 즐겁게 해줌은 물론 그녀들이 일할 수 있는 분위기와 의욕을 심어주는 데도 뛰어나게 능수능란했다.

드디어 연예계에도 진출해서 상당한 인기를 끌었다. 당시는 지금과 달라서 코미디언은 텔레비전이나 라디오가 아니고 극장 출신의 일부를 제외하면 A처럼 클럽의 쇼비즈니스 세계에서 출세한 경우가 많았다.

잘 나가게 되면 날개짓도 커지기 마련이다. 자기의 직영점도 꽤 큰 규모로 신주쿠에 열었다. 실로 득의만만했을 것이다.

그대로 나갔으면 틀림없이 연예인으로서도, 경영인으로서도 대성공을 거두었을 테지만, 어찌된 일인지 차츰 텔레비전에도 안나오게 되고 업소도 기울기 시작했다.

게다가 사람들이 하나 둘 그의 곁에서 떠나기 시작했다. 경기 좋을 때 모여들던 여자들도 모두 떠나버렸다.

　더군다나 말년에는 몸도 부자유스러워지고 생활도 곤궁해졌다. 한마디로 쓸쓸하고 비참한 인생이었다. 아마 그 원인은 여자 탓인 듯했다.

● 별것을 다 참견하는 여자

　A의 아내는 그가 내 클럽에 왔을 때 호스티스로서 함께 데리고 왔던 여자다.
　이전부터 동거해 왔다고 들었지만, 그녀는 그가 가는 곳이면 어디든지 함께 가고 싶어한다는 것이다.
　연상의 여인인 그녀는 그가 어렵게 지낼 때 도와준 적도 있었다. 그래서 그는 항상 기가 죽어 지낸 모양이었다.
　게다가 그녀는 참견하는 방법도 남자의 영역이든 무엇이든 완전히 제멋대로 하는 스타일이었다.
　나와 A는 오랜 친구 사이였다. 그래서 직함은 틀리지만 개인적인 만남에서는 신분이나 입장의 차이 등이 없으므로 터놓고 지냈다.
　그러나 그의 아내는 그것을 오해하고 직장이건 어디건 불구하고 나서는 것이다. 한계선이라는 것을 도대체 모르는 거였다.
　나는 우회적인 방법으로 그것을 이해시키려 했지만, 그의 아내는 오히려 비아냥거렸다. 한마디로 말이 통하지 않았다.

역성을 들어주는 여자는 남자를 약골로 만든다.

 남자끼리라는 것은 이상한 것이어서 애정과 존경, 거기에 경멸과 증오 따위의 감정도 없이 사귀면서 곧잘 유지해 나간다. 서로 가지고 있지 못한 부분을 상통하는 수도 있다.
 그러나 사업상에 있어서는 어떤 경계선을 긋는다. 좋아서 그렇게 하는 것은 아니지만, 그런 한계선이 있으므로 해서 사업 같은 것도 발전하는 셈이다.
 어른들끼리 친구가 됐을 때는 이런 문제는 유야무야 서로 이해한다. 그리고 속으로 불만이 쌓이면 개인적인 자리에서 털어놓고 해결할 수 있다.
 그러나 이런 도리를 모르고 있는 여자가 정말로 많다. 더군다나 이해 못하는 여자는 엉뚱하게 간섭하고 나선다.

A의 아내도 그런 여자였다. 나서지 말아야 할 자리에 나서기 좋아하고, 한술 더 떠서 내 앞에서 남편 자랑을 늘어놓는다.

"A씨는 머리도 좋고 당신보다 수완도 있는데, 단지 운이 나빠서 이렇게 고용당하는 신세라구요. 언제까지나 이렇지만은 않을 거라구요."

나는 유구무언일 수밖에 없었다. A도 입장이 거북해서 아무 말도 못한다.

어쨌든 그녀의 사설이 설령 사실이라 해도 그런 말은 부부 둘만의 침실에서나 속삭일 말이 아니겠는가. 실로 뻔뻔스러운 태도가 아닐 수 없다.

나 역시 바보 같은 여자라고 생각하면서도 다른 종업원들 앞에서 면박을 줄 수도 없는 노릇이었다.

이런 여자의 언동은 결국은 자기 남편에게는 치명상을 주게 되는 것이다.

게다가 정상적인 남자라면 남들 앞에서 자기 아내로부터 칭찬의 소리를 들으면 역으로 자존심이 상할 것이다. 낯뜨거워서 비참한 몰골로 도망이라도 가고 싶은 심정이 될 것이다.

A는 이럴 때마다 실패의 길을 걸어야 했다.

제멋대로 하는 여자는
남자를 끝없이 추락시킨다

● 분위기를 모르는 여자

 세상에는 지구가 자기를 중심으로 돌고 있다고 생각하는 여자가 있다. 남 앞에서도 아무렇지 않게 추태를 부리는 여자, 일부러 남자를 멸시하는 여자, 자기가 제일이라고 생각하는 여자 등……

 요컨대 자존심이 세고 제멋대로인 여자이다. 이러한 여자는 남자의 정기를 빼앗아 마시고 산다고 해도 과언이 아닐 것이다.

 제멋대로인 여자가 그래도 사람들에게 인정을 받는 것은, 그것을 두둔하는 남자의 체면 때문임을 그녀는 모른다.

 남자 쪽에서도 자신의 정기를 빼앗기고 있다는 사실도 모르고,

여자 눈치만 본다.

　이런 여자와 생활하는 남자는 점점 무기력해지고 주위 사람들로부터 따돌림을 당하게 된다. 또 이런 사실을 모르는 여자만큼 무서운 것도 없다.

　어느날 저녁, 친구와 긴자 거리에 있는 다방에서 만났을 때의 일이다.

　약속시간에 나갔더니, 친구가 젊은 여자와 함께 있었다. 아무래도 애인인 것 같았다.

　나는 그날은 별다른 사업상 이야기도 없고 해서 오랜만에 술이라도 한잔 할까 하고 있던 참이었다. 그래서 젊은 여성이 함께 하는 것도 그리 나쁠 것이 없을 것 같았다.

　그런데 여자가 보기와는 달리 매우 퉁명스러웠다.

　"후쿠도미라고 합니다. 잘 부탁합니다."

　"아, 그렇습니까."

　"이 친구에게는 제가 늘 신세를 지고 있죠."

　"그래요."

　게다가 기가 막힌 것은 그녀의 태도였다. 무뚝뚝하게 고개를 옆으로 돌린 채 내 인사에 대하여 '아, 그렇습니까'라고 마지못해 대답만 할 뿐 자기 이름도 말하지 않는 것이었다.

　상당한 미인인데 얼굴엔 웃음이 없었다. 담배만 물고 다른 데를 쳐다보면서 조금도 웃지 않았다. 내가 그 자리에 낀 것을 마치 화내는 것 같았다.

　"내가 방해가 된 것 같은데, 술은 다음에 마시자."

제멋대로 하는 여자는 남자의 기를 빼앗는다.

나는 그녀가 언짢아하는 것 같아 친구에게 이렇게 말했다. 나로서도 퉁명스런 얼굴을 하고 있는 여자의 비위를 맞추면서까지 자리를 같이 하고 싶은 마음이 없었다.

그러자 친구가 미안하다는 듯 머리를 긁적거리며 변명을 했다.
"사실은 자네 오기 전에 조금 말다툼을 했거든. 그래서 기분이 나쁜 거야. 사소한 일이니까 신경쓸 것 없어."

그 말에 그녀의 눈꼬리가 치켜 올라갔다.
"사소한 일이라고요?"

당장이라도 남자에게 대들 것같이 서슬이 시퍼랬다. 그 서슬에 나도 잠시 어안이 벙벙했다.

이윽고 여자가 화장실에 갔을 때 나는 친구에게 딱 잘라 말했다.

"헤어지는 게 좋겠다. 헤어지지 않으면 자네만 불행하게 돼. 영 헤어지는 게 싫다면 나와 만날 때는 데리고 오지 마!"

그다지 친한 사이가 아니였다면 아무 말도 하지 않고 적당한 핑계를 대고 그 자리에서 나왔을 것이다.

그러나 매우 친한 친구였기 때문에 진심어린 충고를 했다.

여자의 이런 태도는 내게만 그러는 게 아니라 다른 사람에게도 똑같은 행동을 할 것이다.

그 후에도 그 친구와의 만남은 계속됐지만, 이상하게도 그 여자와 헤어지지 않았다.

만날 때마다 그렇게 생각해서 그런지 그는 힘이 없고 축 처져 있는 느낌이었다.

추측컨대 여자에게 너무 신경을 쓴 나머지 일에 대한 기력이 없는 것 같았다.

그 여자와 같이 있는 한 그는 결코 성공하지 못한다고 나는 단언한다.

● 창피를 주는 것을 즐거워하는 여자

사람들 앞에서 창피를 주는 여자도 남자의 정기를 빨아먹는 타입 중 하나이다.

어느 탤런트의 애인이 있었는데, 그녀는 여러 사람 앞에서도 전혀 신경쓰지 않고 자기 주장만 고집하기 때문에 그 남자 탤런트는 굉장히 피곤했다.

한번은 그 탤런트와 애인과 나, 그리고 텔레비전 방송국 연출자와 함께 저녁식사를 하러 갔다.

"튀김 요리나 먹으로 갈까?"

연출자의 제안에, 긴자에서 유명한 전통 있는 가게로 갔다.

그런데 그녀는 일단 따라오긴 했지만, 불만이 가득한 얼굴로 '아, 싫다 싫어'의 연발이었다. 자리에 앉아서도 계속해서 투덜거렸다.

"나는 기름 냄새가 싫어요."

"좀 참아."

탤런트인 남자 친구가 나무랐다.

그러자 여자의 신경질적인 말투가 바로 남자의 뒤통수에 쏟아졌다.

"자기, 나 튀김 싫어하는 줄 알잖아. 당신은 내가 싫어하는 것 따위는 상관없지?"

그녀는 데리고 들어온 연출자는 안중에도 없었다. 그리고 결국은 벌떡 일어나 식당을 나가버렸다.

연출자는 괜찮다는 듯 화제를 돌렸지만, 얼굴 표정에는 불쾌감이 역력했다.

그 일이 있고 나서부터 그 탤런트는 텔레비전 방송국에서 부르는 일이 적어졌고, 브라운관에도 점점 모습이 보이지 않았다.

이 탤런트는 애인 때문에 인기가 없어졌다고는 말할 수 없을 것이다. 인간관계가 서툴렀던 것이다. 애인의 그런 언동이 남자의 의욕을 점차로 빼앗아갔던 것이다.

"저런 여자밖에 없었을까?"

여자 하나 제대로 못 잡는 남자라는 평이 나도는 것을 봐도 알 수 있다.

이 탤런트 애인의 경우는 정도가 조금 심했지만, 남자란 제삼자가 있는 데서 애인이나 아내가 보채면 체면도 있고 해서 내심 내키지는 않지만 승낙하고 만다.

이처럼 그런 남자의 약점을 이용하여 사람들 앞에서 자기의 고집을 관철시키는 것이 이 탤런트 애인의 특기였다.

여자들 중에는 평소의 감정을 이때다 하고 사람들 앞에서 창피를 주어 남자의 신용을 실추시키려는 질 나쁜 여자도 있다.

거기까지는 가지 않더라도 제멋대로 고집을 피우는 여자는 아무리 미인이라도 헤어지는 게 상책이다.

● **매사에 짜증내는 여자**

사람들 앞에서 아무렇지도 않다는 듯 언짢은 얼굴을 하거나, 자기 고집만 세우는 여자는 결코 남자를 성공시키지 못한다.

이런 여자는 공과 사를 구분하지 못할 뿐더러 자기 일을 우선적으로 생각하여 남자의 입장까지 난처하게 한다.

단둘이 있을 때와 제삼자와 있을 때의 언행은 당연히 달라져야 한다.

매사에 짜증내는 여자는 남들 앞이라고 해서 특별히 언행을 조심하지는 않는다.

또 반대로 유별나게 남들 앞에서는 정다운 체하는 여자도 있다. 이것 또한 곤란하다.

제삼자가 동석해 있는 데도 남자 친구 얼굴을 넋나간 사람처럼 바라보기도 하고, 양복 옷자락을 만지기도 하고, 콧소리로 남자 친구에게 속삭이기도 하고…….

이런 여자를 묵인하고 있는 남자도 좋게 보이지는 않는다.

가끔 사적인 일로 아는 사람 집을 방문할 때가 있다. 나로서는 상당히 신경을 쓰고 있는데, 문을 열어주는 부인이나 가족 중 누군가가 퉁명스럽거나 언짢은 모습이면 두번 다시 그 집에 가고 싶은 마음이 생기지 않는다.

짜증이 많은 사람은 어딘가 아픈 사람일 것이다. 건강한 사람이라면 짜증스러운 일이 그렇게 많을 수 없다.

전화도 마찬가지다.

받는 사람이 귀찮다는 듯한 목소리로 전화를 받으면 두번 다시 전화를 하지 않게 된다.

이런 일이 있었다.

확실한 주식 정보가 들어와 친구에게 이 사실을 알리려고 전화기를 들었다가 그만두었다. 친구 아내의 변덕 때문에 불쾌한 경험이 몇 번 있었기 때문이다.

나의 경우는 전화를 받는 부인이 짜증을 낸다거나 거만하면, 전화번호부에서 아예 그 사람의 이름을 지워 버린다.

설령 슬픈 일이나 언짢은 일이 있어도 제삼자에까지 그런 기분을 연장시켜서는 안된다.

요컨대 여자를 제멋대로 하게 내버려두는 남자는 남에게도 대접을 받지 못한다. 아니, 대접을 받을 자격조차 없는 것이다.

그런 남자는 자신도 모르는 사이에 무능해진다.

독점욕이 강한 여자는
남자를 무능하게 만든다

● 남자를 사육하는 여자

"우리 남편을 찾아주세요."

B는 당당한 기세로 찾아왔다. 어느 텔레비전 방송국 대기실에서 방송 차례를 기다리고 있을 때다.

텔레비전에서 인생 상담을 하고 있노라면 사립탐정을 흉내내는 '남편 찾기'를 강요당하는 때가 가끔 있다. 의뢰해 오는 사람은 그것이 당연하다는 얼굴이다.

따라서 사후 처리를 하는 담당자는 대단한 고역을 맡게 된다.

어쨌든 B의 말에 내가 흥미를 가진 것은 그녀의 말이 마치 행방불명된 애완동물을 찾으려는 것과 흡사했기 때문이다.

"그만큼 극진히 사랑을 바쳤는 데도 도망을 치다니, 용서할 수 없어……."

그녀는 아끼며 기르던 개나 고양이가 도망쳤을 때의 사육주의 분노한 모습과 흡사했다.

만나서부터 헤어질 때까지의 과정을 들어보니 완전히 여성 주도형이었다. 그녀는 21세, 상대 남자는 25세. 디스코테크에서 알게 되었단다.

그들은 처음 만난 그날 밤 호텔에 묵으면서 인연을 맺고, 한 달도 못되어 동거생활로 들어갔다.

이러한 진행은 여자측에서 무아지경에 빠진 경우의 특징이라고 할 수 있다.

그 남자는 어느 대형서점의 직원이었다.

그는 일을 싫어하는 쪽은 아니지만, B와 동거한 지 2개월도 못되어서 퇴직했다.

B의 말에 의하면 서점은 일요일이 정기휴일이 아니기 때문에 자신이 퇴직을 권고했다고 한다.

그 후 그 남자는 계속 직장을 찾아다녔으나, B가 마음에 들지 않는다고 해서 결국은 무직상태도 1년 가까이 지냈다고 한다. 그리고 생활비는 B의 친가에서 매월 몇십만 엔씩 보내주었다는 거였다.

한마디로 생계가 곤란하지 않으니까 일할 필요가 없다는 것이 B의 사고방식이었다. 남자를 항상 자기 곁에만 놔두고 싶었던 것이다.

여자의 쓸데없는 독점욕은 남자를 무능하게 만든다.

그래서 차도 한 대 사주고, 가끔 둘만의 여행을 즐겼다는 것이다.

'콜렉터'라는 서양 영화가 있었다. 고성(古城)에 사는 부유한 남자가 자기가 좋아하는 여자를 유인해 지하실에 가두어서 사육한다는 스토리다.

B의 경우는 남녀가 바뀌었지만, 남자를 사육하며 그 남자에게 극진한 사랑을 바치는 것으로 만족스러워하는 여자였다.

어쨌든 나는 도망간 남자가 정상인이라고 생각한다. 만약 그대로 B에게 사육당한다면 인간으로서 생존의욕을 완전히 상실하고 말았을 것이다.

그는 정신을 차리고 도망친 것이다. 따라서 그는 남자로서의 생존 방법을 되찾은 것이다.

우리 주변에는 떠벌이는 여자, 돈 씀씀이가 헤픈 여자, 허영심이 강한 여자 등 남자를 망치는 여자의 타입이 여러 가지가 있다.

하지만 남자가 알지 못하는 사이 올가미에 걸려든다는 의미에서 가장 무서운 것은 남자에게 바치는 여자라고 생각한다.

남자를 집안에 칩거시키고 경제적 부담을 안 지게 하는 여자는 남자에게 일할 의욕을 잃게 할 뿐 아니라 내면적으로 망하게 한다.

누구든지 이러한 안일한 나날의 생활은 매력적이다. 남자로서의 체면이 깎인다는 생각은 처음 얼마 동안이고, 결국 이 달콤한 유혹을 이겨내는 남자는 적다.

하지만 악녀라면 남자도 언젠가는 반발도 할 것이고, 교정하려고 노력을 할 것이다.

그러나 제공하는 여자는 이러한 남자의 의욕을 모두 박탈해 버린다.

● 아내를 외박시키는 남자

그 결과 남자는 어떻게 되는가. B의 애인의 경우는 추락하기 일보 직전에 도망을 쳤다.

그렇지만 도망은 고사하고 그런 생활에 흠뻑 젖어서 태평스럽게 생활하는 남자도 적지 않다.

E는 31세. 전에는 지방 공무원이었다고 한다. 동거중인 R여인은 29세. 클럽 호스티스다.

E가 공무원직을 사퇴하게 된 것은 3년 전의 일이다.

그의 하루 생활은 오후 1시에 기상하고, 경마장 또는 마작 등으로 오후시간을 보낸 다음 밤 12시경에 R을 클럽으로 데리러가는 것이다.

그런 E의 소지품은 시계, 양복, 구두 등 모든 것이 최상급 브랜드다.

가끔 값비싼 물건을 가지고 싶으면 E는 침대에서 R에게 넌지시 말하면 된다.

"오늘 긴자에서 새로 수입된 스위스제 시계를 봤는데, 지금 차고 있는 것은 구형이라 바꿨으면 하는데……."

이렇게 운만 띄워도 R은 알아서 처리한다. 다음날 밤 E는 R이 일하는 클럽에 가지 않아도 된다. R은 이튿날 아침에야 귀가하기 때문이다.

"영업이 끝난 뒤 회의가 있어서……."

"수고했어. 목욕하고 피로를 풀지 그래."

서로가 언급은 없어도 E는 그녀가 손님과 하룻밤 자고 부수입을 얻어왔다는 것을 알고 있다. 그렇게 외박을 시키는 것도 E 자신이다.

처음부터 아내에게 손님을 받게 하고 자기는 집에 편안히 있을 생각은 아니었지만, 어느 사이에 아내의 경제력에 의지하게 되었다.

어쨌든 이 한 쌍 남녀의 10년 후, 20년 후의 일을 상상하면 나는 암담한 기분이 든다. 장래에의 불안을 느끼고 스스로의 활로를 개척하려고 결심했을 때 E의 연약해진 정신이 생업을 받아들일 수 있을까 의문이다.

아마 불가능할 것이다. E는 이미 도망갈 힘조차 없어졌잖은가.

● 무조건 대접하려는 여자

이렇게 큰소리치는 나도 몇 번인가 여자에게 사육을 당하는 쾌감에 빠져버린 쓰라린 경험을 가지고 있다.

그 중의 하나인 D양과의 스토리를 소개한다.

내가 겨우 20대 전반에 겪은 이야기다.

D양은 종전 후 흔히 볼 수 있던 양공주였다. 나와 깊은 관계를 맺게 된 것은 어느 해 설날이었다.

신년 축하 파티가 끝나고 돌아가는 방향이 같아서 동행했을 때이다.

우리는 도중에서 자연스럽게 호텔에 투숙하게 되었다. 그날의 호텔비는 내가 부담했다.

다음날 오후에서야 우리 둘은 호텔을 나왔다. 그때 D양이 말했다.

"어젯밤은 당신한테 신세를 졌으니, 오늘은 나에게 맡기세요, 네?"

나이가 나보다 2,3세 연하인 그녀는 얼굴도 예쁘고 몸매도 빼어났다.

게다가 하루를 함께 지내고 보니 매너도 좋았다.

어쨌든 이렇게 지성미를 갖춘 젊은 아가씨가 다가오는데, 거절하는 남자가 어디 있겠는가.

나는 물론 D양의 제안을 즉석에서 받아들였다.

그 이후의 일들은 30년 세월이 지난 지금까지도 선명하게 기억하고 있는 것을 보면, 젊은 나에게는 퍽이나 감동적이었던 것 같다.

우선 우리 둘은 긴자로 나갔다.

그녀는 나에게 넥타이를 사주었다.

우리는 영화를 본 다음 레스토랑에서 흑맥주를 곁들여 저녁을 먹었다.

이미 시간은 내가 당시 근무하던 클럽의 출근시간을 지나고 있었다.

나는 클럽에 전화를 걸어서 감기 때문에 쉬어야겠다고 거짓말을 했다.

여자와 데이트하기 위해서 내가 결근을 한 것은 그때가 처음이 아닌가 싶다.

왜 그런 심정이 되었는지 지금까지도 이해가 안간다. 왠지 일하기가 싫고, 여자와 함께 시간을 보내고 싶었다.

밤이 깊어지자 우리는 사치스러운 고급 호텔에 들어갔다.

"호텔비와 술값을 모두 제가 부담할테니, 마음대로 주문하세요."

D양을 지갑에서 1만 엔짜리 지폐를 내놓았다. 좋은 여자에 술. 이 이상의 환락은 없을 것이다.

따라서 출근 따위는 내 머리에서 모두 사라져 버렸다.

그 후에도 D양과의 교제는 계속되었다. 여하튼 남자에게 바치는 애정은 타인의 몇 배나 되었다.

"돈은 내가 벌테니, 당신은 집에 있어 줘요."

밤에 자신은 업소로 출근하면서 내게는 그렇게 말했다. 생활비는 걱정을 안해도 될 정도였다.

그러나 나는 목표를 가지고 있었고, 일하기를 좋아하는 체질이라 D양의 말대로 집안에만 칩거할 수는 없었다.

만일에 그때 일하기 싫은 감정이 나에게 있었다면, D양의 권유를 그대로 받아들여서 무위도식하는 안일한 생활에 빠져버리고 말았을 것이다.

그런데 천만다행으로 어떤 선배의 따끔한 충고가 나의 타락을 막아주었다.

그 후 나는 D양과의 교훈으로, 즉 남자에게 무료 봉사하는 여자는 위험하다고 깨닫고 부터는 어떤 관계에 있건 여자에게 돈을 지불하도록 하는 일은 없었다. 그리고 공짜라는 것에도 주의하게 되었다.

흔히 남녀가 연애관계에 들어가면 여자에게 금전 부담을 시킨다든지, 섹스를 하는 것을 당연시하는 남자들이 많다.

하지만 나는 D양과의 경험에서 그런 사고방식은 과감히 탈피해 버렸다.

따라서 여자에게 무조건 바치도록 한다는 것은 아차 잘못하면 남자에게는 그만큼 깊고 깊은 수렁이 된다는 것을 잊어서는 안될 것이다.

제4부
이런 여자가 남자의 재물을 막아버린다

불평불만만 늘어 놓는 여자는
남자의 있는 재산도 없앤다

● 불행을 초래하는 여자

나는 직업 관계로 지금까지 수많은 여자와 가깝게 지내왔다. 사실대로 말하자면 유혹하기도 하고, 또 유혹당하기도 하면서 가까워진 여자들이다.

그 중에서도 이상하게 '이런 여자는 가난의 화신이 아닐까?' 하는 타입의 여자도 몇 명 있었다.

그런 여자들은 대체로 자신의 불행을 남자와 공유하려고 했다.

A양도 그런 타입의 여자였다.

A양과 만난 것은 내가 지배인으로 근무하고 있던 어느 클럽에 그녀가 나오게 되면서부터였다.

처음 봤을 때 그녀의 양 손목에는 하얀 붕대가 감겨 있었다. 젊은 여자가 새하얀 것을 신체 일부에 감고 있으면 그것만으로도 섹시한 느낌이 든다. 당시 내 경우도 그랬다.

나는 그녀에게 어느날 붕대를 풀으라고 주의를 주었다. 그러자 그녀는 안된다면서 완강하게 거절을 했다.

"어째서 풀 수 없지?"

내가 따져 묻자, 그녀는 울음을 터뜨리고 말았다.

우여곡절 끝에 붕대를 풀게 하고 나서 나는 몹시 후회했다. 그녀의 양 손목에는 면도칼로 자해한 흔적이 남아 있었다. 여러 번 자해한 흔적이었다.

그녀는 어렸을 때부터 불운한 생활을 했었다. 어려서 일찍 부모를 사별하고, 숙모 밑에서 자랐다. 그러다 15,6세부터 술집에서 일을 하게 되었다.

그곳에서 심한 구박을 견디지 못하고 뛰쳐나온 그녀는 신주쿠의 한 이상한 클럽에서 일을 했다. 그때 그녀의 나이가 18세였다.

결국 클럽의 단골손님이던 건축가의 정부가 되어 살림을 차리고 그 남자의 아이도 낳았다.

남자에게 애교만 부리면 평온한 나날이 보장될 수도 있었지만, A양은 본처가 될 수 없다는 생각과 자식의 장래를 보장할 수 없다는 생각에 고민하다 심한 노이로제 증상을 나타냈다. 그래서 손목을 면도칼로 자른 것이었다.

다행히 생명은 건졌지만, 그 후로도 그녀는 여러 차례 자살을 기도했다.

불행하다고 생각하는 여자는 남자까지도 불행하게 만든다.

남자는 그런 그녀가 점점 싫어졌다.

그러나 헤어지면 또 자살을 기도할지도 모른다는 생각에 어쩔 수 없이 어느 정도의 생활비만 주면서 조심스런 상태를 유지해 왔던 것이다.

그녀도 그런 생활에서 벗어나 기분전환도 할 겸해서 우리 업소에 나왔던 것이다.

그러한 사정도 모른 채 나는 그녀를 설득하여 동거를 시작했다.

그런데 같이 사는 동안에 안 것은, A양은 어떤 상황에서든 자기 자신이 이 세상에서 가장 불행한 사람이라고 생각한다는 것이었다.

그녀의 이제까지의 삶이 행복스럽지는 못했지만, 자신이 가장 불행한 사람이라는 생각 때문에 더욱 불행을 초래하는 느낌마저 들었다.

게다가 그녀는 무슨 속상하는 일이 있을 때나 기분 나쁜 일이 있으면 '이보다 더 슬픈 일은 없어. 더 이상 살 필요가 없어' 하는 넋두리를 하면서 훌쩍훌쩍 울기부터 했다.

그러자 옆에서 듣고 있는 내 자신도 세상살이가 별 재미가 없어지는 것 같고, 살아봐야 별 볼일 없을 것 같은 기분이 드는 것이었다.

그 후 A양과는 헤어졌지만, 심성이 착하고 영리한 여자였으니까 지금은 모든 불행을 행운으로 돌리고 행복한 인생을 살고 있으리라 생각한다.

또 그러길 진심으로 빌고 있다.

● 자신의 처지를 한탄만 하는 여자

이 세상 불행이란 불행은 혼자 모두 지니고 있는 듯한 여자가 있었다.

한마디로 만사를 부정적으로 받아들이는 여자였다.

내가 약속시간에 늦어, 아무리 일 때문이라고 설명을 해도 '이제 내가 싫어진 거지' 하면서 울기부터 하는 여자였다.

여자의 눈물에 약한 나는 처음에는 그녀가 연극을 하고 있다고 생각했다.

하지만 나는 그녀와 만나는 횟수가 거듭될수록 그게 연극이 아니었다는 것을 알고는 몹시 당황했다.

그녀는 피부색은 검지만, 양귀비 뺨칠 정도의 미인이었다.

그러나 웃음이 없었다.

처음엔 그것이 매력이었다.

그녀는 매일 화가 난 사람 같은 얼굴을 하고는 자신이 이 세상에서 가장 불행하다고 생각하고 있었다.

주위에 그녀보다 불행한 여자도 많았지만, 그녀는 자신만큼 팔자 사나운 사람은 없다고 믿고 있었다. 이러한 생각이 어떤 원인 때문에 생겼는지 모르겠지만, 나와 떨어져 있으면 더욱 불안하다는 것이었다.

당시 나는 젊은 지배인으로서 유흥업계에서는 알아주는 일벌레였고, 일이 무엇보다도 우선이라고 생각하고 있던 때였다.

어느 정도 시일이 지난 어느날, 그녀가 투정 섞인 목소리로 말했다.

"일하러 가시는 거예요?"

"그럼, 오늘 하루는 쉴까?"

나는 그녀의 말이나 얼굴을 보고 있노라면 왠지 모르게 일에 대한 의욕이 사라졌다.

매일같이 자신의 불행을 한탄하는 여자가 곁에 있어서 내 자신도 모르게 일에 대한 정열이 식어버린 것인지도 모르겠다.

결국은 그녀와 헤어져 다시 예전처럼 일을 할 수 있게 됐지만, 그전 같지는 않았다. 그녀의 '불행병'에 나도 모르게 감염됐던 모양이다.

● 불운을 남자 탓으로 돌리는 여자

나의 대선배 중에 도쿄의 노점포(老店鋪)의 장남으로, 젊었을 때 가정부 아가씨에게 빠져서 부모의 맹반대에 부딪히자 집을 뛰쳐나간 사람이 있었다.
그 후 그는 그 가정부와 결혼했다. 말하자면 재산가의 후계자와 가정부의 결혼이었다.
가정부 아가씨는 그야말로 꽃가마를 탄 셈이다. 시골 친정 부모도 크게 기뻐했고, 결혼식도 화려하게 치렀다.
결혼 후에도 그녀는 일을 잘해서 시부모의 사랑도 독차지했다. 물론 남편에게도 잘 순종해서 정말 괜찮고 좋은 여자라는 주위의 평도 들었다.
이윽고 아이를 낳자 경치 좋은 곳에 별장을 짓고 세 식구는 분가를 했다. 여기까지는 순조롭게 잘 나갔다.
그러나 전쟁 말기에 폭격으로 노점포가 소실되고, 본가는 파산하기에 이르렀다. 여기서 그녀의 태도가 돌변한 것이다.
"나처럼 불행한 여자는 없어!"
그녀는 공공연히 떠들어댔다. 꽃가마를 타고 시집온 행운녀가 전쟁으로 말미암아 무일푼이 되었으므로 정신이상이라도 일으켰는지 모른다.

여하튼 이제까지의 태도가 돌변해서 남편에게도, 시부모에게도 고압적으로 나왔다.

종전 직후 전국은 식량 부족사태가 발생했다. 대다수가 끼니 거르기를 밥먹듯 했다.

하지만 친정은 농가이므로 쌀은 풍부했다.

그러나 시댁은 쌀을 살 돈도 없었다. 입장이 대역전된 것이다.

그러자 남편에게 고분고분 순종하던 그녀는 종전을 경계선으로 해서 고압적으로 변했다. 남편의 부모 형제 밑에서 하복처럼 따르던 그녀가 이제는 정면으로 맞서는 대등한 위치에 서게 된 것이다.

그녀는 서슴없이 이렇게 말했다.

"나는 구태여 이 집에 시집 오지 않았어도 시골에 좋은 혼처가 얼마든지 있었다구요!"

또 남편에게는 이렇게 불평을 토로했다.

"돈이 많고 재산이 많다고 뽐냈지만, 지금은 아무것도 없잖아요. 그런데 언제가지나 나를 가정부처럼 부려먹으려는 거야. 나는 불행한 여자야!"

아내의 변모한 꼴을 보고 가장 놀란 사람은 내 선배였을 것이다. 그러나 자기가 원해서 결혼하게 된 것이잖은가.

따라서 이러한 여자의 본성을 제대로 보지 못한 것이 그의 일생 한이었을 것이다.

그 후에도 그녀는 자신의 신세타령과 불평불만을 끊임없이 늘어놓아서 온 가족이 꽤나 고통스러웠다고 한다.

그는 노점포를 재건해 보려고 한때는 사업의욕도 불탔지만, 아내가 가출해 버리고 다른 문제들도 얽혀서 불발에 그쳤다고 한다.

게다가 그가 병원에서 사망했을 때도 아내는 달려오지 않았다. 여자의 본성을 파악하지 못한 한 남자의 비운의 최후였다.

전쟁 재화로 남편의 가정이 몰락했을 때, 불행을 탄식하지 않고 남편과 협력해서 재건에 힘썼더라면 이 부부의 인생도 달라지지 않았을까.

질투가 심한 여자는
남자의 출세길을 막는다

● 행동을 제약하는 여자의 질투

　애인이나 젊은 아내의 색기 있는 질투는 사랑스럽고 또 그만큼 나를 사랑하고 있구나 하는 생각에 기분 나쁘지 않다.
　남자가 무슨 짓을 하든 시치미를 뚝 떼고 있는 얼굴보다는 살짝 질투하는 것이 여자가 남자에게 관심이 있다는 증거이기도 하다.
　그러나 너무 지나친 질투심은 남자의 행동에 제동을 걸어 앞길을 막아버린다.
　내 아내도 신혼 때는 대단히 질투심이 많은 여자였다. 지금은 내가 어딜 가든 무엇을 하든 상관 않지만, 그 당시에는 절대로 외박은 허락하지 않았다.

또한 그것은 결혼 때의 약속이기도 했기 때문에 나도 필사적으로 지켰다.

그러나 생각보다 어려웠다. 어쨌든 북해도 맨 끝에까지 가더라도 그날 돌아오지 않으면 안되었다.

따라서 그 지방의 토속 음식을 맛볼 시간도 없었다. 아침 일찍 출발하여 서둘러 일을 마치고 곧바로 도쿄로 돌아오는 생활의 연속이었다.

당시 탤런트인 선배 한 분을 만났다.

"후쿠도미 군, 자네는 일본 어디를 가든 그날중으로 반드시 집으로 돌아온다고 일전의 어느 텔레비전 프로에서 말을 하던데, 사실인가?"

"예, 아내의 질투 때문에 자고 왔다가는 큰일나거든요."

"변변치 못하긴. 그렇다고 그런 말을 텔레비전에서까지 하다니! 그 덕분에 나만 아주 귀찮아졌어!"

"제 아내가 선생님까지 귀찮게 했단 말입니까?"

"그게 아니구, 텔레비전을 보고 있던 내 마누라가 당신도 후쿠도미 씨를 본받으라고 하면서 외박을 못하게 하는 거야. 이처럼 말도 안되는 일이 또 어디에 있겠나?"

선배의 투정을 이해한다. 탤런트란 촬영 스케줄 때문에 매일매일 여기저기를 옮겨다녀야 한다. 그런 사람에게 외박 금지 명령을 내렸으니 그 심정이 어떠했겠는가.

선배는 헤어지면서 다시 한번 물었다.

질투가 심한 여자는 남자의 재물운까지도 막는다.

"자네, 정말 한 번도 외박한 적이 없나?"
"정말이라니까요."
"대단하군! 그래도 앞으로는 텔레비전 같은 언론매체에서는 그렇게 말하지 말게. 반드시 본의 아니게 나처럼 피해를 당하는 사람이 있을걸세."
선배는 웃으면서 농담식으로 말을 했지만, 진담인 것 같았다.

그 후로도 몇 번 만났는데, 그의 말로 짐작컨대 아무래도 외박은 못하는 것 같았다.

게다가 외박을 못하게 하는 아내 때문에 생활의 대부분을 거의 포기하다시피 했다.

아내의 질투 때문에 대단한 손해를 봤던 것이다. 이때처럼 여자의 질투가 무섭다는 걸 느껴본 적이 없다.

● 기회를 놓치게 한 여자의 질투

당시는 일본 열도에 전례없이 부동산 붐이 일어났다.
내게도 여기저기서 매물 정보가 들어왔다. 5천만 엔에 샀던 땅을 1개월도 못되서 1억 엔에 판 경우도 있었다.
그 당시는 부동산 호황기로서 물건이 없어 못 팔 정도였기 때문에, 어쨌든 땅을 사두면 괜찮았다.
하룻밤 사이에 부자가 된 졸부도 많았다. 불모지 땅을 조금 사가지고 있다가 3,40배를 받고 팔아 큰 돈을 벌기도 했다.
당시 나는 부동산업 연구회에 강사로 초청받아 갔던 적이 있다. 거기서 토지를 보러 함께 가지 않겠느냐는 여러 사람의 권유도 있고, 한편으로는 가보고 싶은 마음도 있어서 간 적이 있다.
그런데 아내의 질투 때문에 나는 그날 바로 집으로 돌아가야만 했다.
홍정은 낮에 땅을 보고 밤에 해야 되는데, 그곳은 그리 먼 곳은 아니었지만, 교통 때문에 낮에 출발하지 않으면 그날중으로 도쿄로 돌아올 수가 없었다. 도쿄 인근의 땅이었으므로 사고 싶었지만, 사지를 못했다.
그래서 아내에게 막 화를 냈다.

"당신의 그 질투심 때문에 나는 일생일대의 큰 기회를 놓쳤어. 그때 그 땅을 샀다면 지금쯤 벼락부자가 되어 있을텐데. 앞으로는 그 질투 좀 적당히 해."

나는 밖에 나가서도 만나는 사람마다 아내 불평을 했다.

"바보 같은 마누라 때문에 기회를 놓쳤어. 내 일생일대의 가장 큰 불찰이야. 다른 불만은 없는데, 그놈의 질투심 때문에 땅을 사지 못했어. 이런 바보 멍청이 같은 일은 없을 거야. 이제는 아주 정나미가 떨어져. 갈라설까 봐."

당시 나는 가는 곳마다 이런 말을 했던 것으로 기억된다.

사고 싶은 땅을 못 산 것보다 아내의 질투심이 훨씬 화가 났던 것이다.

이처럼 여자의 지나친 질투는 남자의 일생일대의 기회를 엉망진창으로 만들어 버리는 경우가 많다. 하긴 내 경우에는 아내의 질투 때문에 살았다고도 할 수 있지만.

그 후 오일 쇼크로 부동산 붐이 수그러들고, 여기저기에 땅을 사들였던 부동산업자들은 토지 가격 하락에다 매입자가 없어서 자금 조달에 고통을 받았다.

"나는 당신 질투 덕분에 손해를 보지 않았어."

요즘도 가끔 아내를 보면서 하는 소리다. 그러면 아내는 멋쩍은 듯 살짝 웃으면서 말한다.

"이젠 어딜 가도 괜찮아요."

새삼스레 지금에 와서 외박을 허락한다고 한들 무슨 소용이 있겠는가.

내 경우는 다행히도 전화위복이 되었으니 웃으며 말할 수 있지만, 그건 어디까지나 운이 좋았던 것뿐이다.

대개의 경우 여자의 질투 때문에 남자는 기회를 놓치고 통탄하게 된다.

● 출세길을 막아버린 여자의 질투

내가 경영하던 클럽 후문에서 부지배인의 아내를 만난 것은 새벽 1시 30분경이었다.

나는 인사를 하려고 했지만 분위기가 심상치 않은 것 같아서 주저하고 있었다.

얼마 후 그녀의 남편 K가 나타나자 둘은 심한 언쟁 끝에 부인이 울며 대들었다. 할 수 없이 내가 끼어들어서 말릴 수밖에 없었다.

화장도 안하고 머리가 난마처럼 흐트러진 그녀는, 지난날에는 일류 호스티스였지만 그 면모조차 볼 수 없는 마귀 할멈의 모습이었다.

그녀가 남편의 근무처에까지 쳐들어온 이유는 귀가시간이 늦은 남편에게 질투를 불태우다가 흥신소에 부탁해 알아본 결과, 어떤 여성과 비밀 교제중이라는 정보를 입수했다는 것이다.

그래서 남편이 교제하는 상대 여자와 함께 나오는 현장을 포착하려고 클럽 후문에서 지키고 있던 참이었다.

그날 밤은 K와 신점포 개점에 관한 회의를 하기로 되어 있었지만, 그의 아내의 돌연한 출현으로 연기하지 않으면 안되게 되었다.

그 후에도 K는 여러 차례 회의에 불참하곤 했다. 그의 아내가 귀가시간이 조금만 늦어도 심하게 심문을 할 뿐 아니라, 때로는 집안 살림까지 집어던지기 때문이었다.

게다가 다음날 아침에는 반드시 그의 아내로부터 나에게 확인전화가 걸려온다.

"어젯밤 업소에서 회의가 있었다는 것, 사실인가요? 남편과 몇 시에 헤어졌나요?"

이런 여인에게는 아무리 내가 사실대로 말한다고 한들 소용이 없을 것이다. 이미 마음속에는 자신의 남편이 다른 여자와 바람을 피우는 것이라고 믿고 있기 때문이다.

이윽고 그녀는 나까지 자신의 남편이 바람 피우는 것을 부채질하는 동조자로 의심하기에까지 이르렀다.

함께 사는 부부를 떼어놓는다는 것은 가혹한 일이지만 나는 K에게 헤어지든지, 아니면 아내 교육을 잘 시켜보라고 수차례 충고하고 설득했다.

그러나 K는 결단을 내리지 못하고, 그 후에도 계속해서 아내의 속박을 벗어나지 못한 채 질질 끌려다니는 형편이었다.

결국 나는 신점포의 지배인으로 K를 내정하고 있었지만, 그것을 백지화로 돌리고 K의 후배를 발탁했다.

지배인은 항상 젊은 아가씨들을 상대해야 하고, 때로는 폐점

후 회식을 하는 일도 중요한 업무인 것이다.

따라서 나는 이런 일을 K에게 맡길 수 있을 것인가, 아니 K가 그 일을 해낼 수 있는 능력이 있다 하더라도 질투가 심한 아내가 남편의 일을 이해할 수 있을 것인가 걱정이 되었기 때문에 그런 결정을 내린 것이다.

게다가 업소에서 회의를 한다 해도 의심하는 아내인 만큼 남편을 지배인으로 하면 트러블이 일어날 것은 명약관화한 것이다.

그것을 K 자신이 심각하게 생각하지 않고 있다는 것도 문제였다. 둘만 있을 때는 어떤 질투를 하건 제삼자가 관여할 바 아니다.

그런데 그것이 제삼자에게까지 피해를 주었을 때는 심각한 문제인 것이다.

따라서 K는 아내의 지나친 질투심 때문에 비약의 기회를 잃은 것이다.

여자가 교활하면
남자의 재물운을 막는다

● 손님을 줄이는 여자의 잔꾀

텔레비전 방송국 근처에 과일가게가 있었다. 깔끔한 분위기에 끌려 가게에 들어간 것이 불행이었다.

나는 과일을 무척 좋아하는데, 특히 키위를 좋아한다.

그런데 키위는 외견상으로는 그 좋고 나쁨을 알 수 없다. 그래서 항상 주인에게 골라주라고 한다.

집 근처의 과일가게에서 키위를 사면 그 가게 주인은 항상 물어본다.

"언제 드실 겁니까?"

"적당히 넣어 주십시오."

"그럼 오늘 드실 것 서너 개와 나중에 드실 것 서너 개를 넣지요."

그래서 안심이 되기 때문에 항상 집 근처의 과일가게를 단골로 하고 있다.

그런데 그날은 마침 텔레비전 방송국에 갔다가 멋진 가게를 발견하고 무심코 들어갔는데, 그것이 그만 큰 실수였다.

"키위 좀 주세요."

키위를 이리저리 살피며 주인은 열심히 골라주었다. 그래서 서너 개 살 것을 무려 열 개나 샀다.

그런데 집에 와서 놀라지 않을 수 없었다. 모두가 너무 익어 거의 먹을 수가 없었다. 선의를 역으로 이용했던 주인 여자의 교활함에 화가 치밀었다.

너무 익어서 어떻게도 할 수 없는 것만을 골라주었던 것이다.

나는 다시는 그 가게에는 가지 않았다. 그리고 친한 동료에게도 그 가게에는 절대로 가지 말라고 충고했다.

실제로 나와 같은 쓰라린 경험을 하고 멀어진 손님도 적지 않을 것이다.

● **재물운을 막는 여자의 교활함**

여자의 교활한 잔꾀가 남자의 일이나 사업을 방해하고 있는 예가 많다.

여자의 교활한 잔꾀가 남자의 재물운을 빼앗는다.

얼마 전, 야채가게에서 부추를 구입했을 때의 일이다.

"손님, 이것 참 좋은 부추예요. 이보다 더 좋은 부추는 없어요."

여주인이 한 묶음의 부추를 내밀었다. 단언하기에 믿고 샀다.

그런데 이게 웬일인가. 부추는 오래되면 끝의 파란 줄기가 썩기 때문에 그 부분를 잘라내어 팔았던 것이다.

그 후로 두번 다시 그 가게에서 물건을 사지 않았다.

왜 정직하게 팔려고 하지 않고, 잔꾀로 소비자를 우롱하는 것일까.

"이 키위는 모두 너무 익어 값을 깎아드립니다."

"이 부추는 오래됐지만, 나쁜 곳은 솎아냈습니다."

이처럼 정직하게 팔 수도 있지 않은가.

아마도 여주인이 썩은 부추를 태연하게 팔고 있는 야채가게의 남편은 칠칠치 못한 사람일 것이다.

설령 칠칠치 못한 사람이 아닐지라도 장사꾼으로서는 실격이라 해도 좋을 것이다.

'여자란 똑똑한 것 같지만, 앞을 내다보는 눈이 없기 때문에 자칫하면 실패하기 쉽다'는 옛말과 같이 교활한 여자의 얄팍한 지혜는 가게의 신용만 떨어뜨릴 뿐이다.

여자의 잔꾀는 어차피 잔꾀일 뿐이다. 섣불리 남자와 맞서려고 하면 무리가 생긴다.

따라서 남자의 세계에 깊이 관여하여 이것저것 말참견하고 나서는 여자는 남자로부터 재물운과 사업운을 빼앗아 남자의 성공을 방해한다.

● 여자의 잔꾀에 끌려다니는 남자

내 친구 중에 약국을 경영하는 사람이 있다.

그런데 근처에 대형 약국뿐만 아니라 소규모 약국도 여기저기에 생기다 보니 경쟁상대가 늘어나 영업이 부진하게 되었다.

그래도 그는 3대째 내려오는 전통 가업이기 때문에 그다지 영리에 집착하지 않고 그날그날의 생활로 만족해 했다.

게다가 대대로 내려오는 상속 재산도 있고, 큰 건물도 가지고 있어서 임대 수입도 적지 않았다.

따라서 주위에 경쟁상대가 많이 있어도 적극적인 영업방식보다도 단골손님들을 상대로 현상유지 정도에만 치중했다.

그러나 이러한 남편의 방법이 아내는 영 마음에 들지 않았다. 대대적으로 광고를 하고 바겐 손님을 운집시키는 다른 약국들을 보면서 남편을 채근해 보았지만, 남편은 좀체로 움직일 기세를 보이지 않았다.

그러자 그녀는 남편과 상의없이 독단으로 바겐세일을 시작해 버렸다.

그러나 바겐세일의 노하우도 모르고, 특별 경로를 통해서 사입한 할인품도 고객관리 미숙으로 큰 손해를 보고 말았다.

그래서 약이 바싹 오른 그녀는 답례품은 물론 광고 전단도 대대적으로 뿌렸다. 하지만 실적은 오르지 않았다.

내가 오랜만에 그 약국에 들려봤더니, 점포 안에는 활기가 없었다. 특별 할인품이라고 빨간 가격표를 붙였지만 가격은 정찰가격이었다.

"내가 그렇게 만류해도 아내는 빨간 딱지면 고객들이 할인가라 생각할 것으로 믿고 있으니, 나원 참……."

그는 투덜댔다.

그 후 그녀의 잔꾀로 인해 그 약국은 주위에서 악평을 사게 되어 단골도 차츰 발길이 멀어졌다고 한다.

여자의 얕은 지혜는 결국 잔꾀에 불과하다. 정도를 가려는 남자와 줄다리기를 하면 무리가 생긴다.

따라서 남자의 세계에 머리를 디밀고 이러쿵 저러쿵 간섭하는 여자는 남자로부터 사업운과 재물운을 빼앗고 남자를 무능자로 만든다.

특히 조그만 장사일수록 여주인의 선악이 고객에게 크게 영향을 미친다고 해도 과언이 아니다.

나는 무엇을 살 때 여주인의 인상으로 점포를 선택하는 편이다.

여주인의 얼굴이 예쁘고 밉상이고가 아니라 손님을 맞이하는 표정이 좋은지 나쁜지, 물건을 정당하게 파는 성의가 있는지 없는지로 판단하는 것이다.

격려할 줄 모르는 여자는
남자의 복을 걷어 찬다

● 선물을 받을 때의 여자의 표정

 여자의 성격이나 천성은 외견상으로는 물론이고, 한두 번 잠을 잤다고 해서 알 수 있는 것은 아니다.
 좋은 면은 바로 알 수 있지만, 결점은 여자 쪽에서도 교묘하게 감추고 있기 때문에 쉽게 알아차릴 수 없다. 그렇기 때문에 결혼 후 후회하는 남자들도 많다.
 그러나 후회를 하지 않을 방법이 있다.
 그것은 선물을 하는 것이다. 선물은 되도록 작고 포장지도 비싸지 않은 것이 좋다.
 선물을 받은 후의 여자의 표정, 말씨, 태도에서 그 여자의 내면에 숨겨진 성격이나 인품을 알 수 있다.

선물을 받고 싫어하는 여자는 없다.

자동차나 모피 같은 비싼 물건이 아니고 작은 물건이면 거절할 리가 없다. 완강하게 거절하는 여자는 당신과 사귀고 싶은 마음이 없는 것이다.

어쨌든 선물을 주고 여자의 태도를 잘 관찰해 보라.

'어머, 고마워요'라고 말만 하고 포장은 풀지 않은 채 아무 데나 놓고 이야기에 열중하는 여자는 남자의 마음을 헤아리지 않는 여자이며, 남자에게 관심도 없는 여자이다. 빨리 헤어지든가 깊이 사귀지 말 것을 권한다.

또 선물을 받고도 기뻐하지 않는 여자는 성격도 마음도 건강하다고 할 수 없다.

선물 포장을 풀고 난 후의 여자의 표정에서 그 여자의 성격이나 인품을 추측할 수 있다.

작은 물건이 좋은 이유는 작으면 작을수록 여자는 기대를 갖기 때문에 내용물을 보고 갑자기 희색을 띠거나, 실망해서 재빠르게 표정을 고친다거나 하는 다양한 표정의 변화를 보인다.

내용물에 따라 표정을 변화시키는 여자는 선물한 남자의 기분보다 물건의 가격에 더 관심이 많은 여자이다.

선물을 받는 여자의 표정이나 태도에 대하여 왜 이렇게까지 말하는지 이상하게 생각하는 독자도 있을 것이다.

그것은 내가 쓰라린 경험이 많았기 때문이다. 선물을 준 결과, 이젠 두번 다시 이런 여자에게 선물을 주지 않겠다는 기분이 든

적도 있다.

그러나 전혀 반대의 경험도 있다.

● 값싼 선물에도 기뻐하는 여자

내가 20대 초반이었을 때의 일이다.

돈도 없던 시절에 사귀던 S양은 남자의 기분을 살려주는 여자였다. 하찮은 선물에도 매우 기뻐했다.

때로는 목을 부둥켜안고 눈물을 머금으며 '이것 전부터 갖고 싶었어요'라며 남이 보면 무슨 일인가 놀랄 정도로 신이 나서 떠들어댔다.

"대단한 것도 아닌데……."

말은 그렇게 하면서도 나는 내심 기분이 나쁘지는 않았다.

좋아하는 여자에게 선물하는 남자의 태도는 매우 진지하다.

어떻게 하면 자신의 마음이 전달될까, 어떻게 하면 상대가 기뻐할까, 또 이것을 선물하면 어떤 표정을 지을까, 어떤 말을 할까 등 그런 것만 걱정한다.

S양에게 나도 그런 기분으로 선물을 했다.

S양은 선물만이 아니라 함께 식사를 할 때도 진정으로 좋아했다. 일류 레스토랑의 고급 요리가 아니고 노점의 라면이나 철교 밑의 꼬치구이집이었지만, 정말 맛있게 먹어주었다.

나는 그러는 사이에 그녀에게 선물하거나 음식을 사주는 것이

선물받는 표정으로 여자의 성품을 알 수 있다.

나도 모르게 즐겁게 되었다. 나 혼자 생활하기에도 빠듯했지만, S양을 위해 쓰는 돈은 조금도 아깝지 않았다.

그렇다고 일부러 환심을 사기 위해 무리하지는 않았다. S양도 결코 낭비하게 내버려두지 않았다.

"오늘은 큰맘먹고 전골요리를 먹을까?"

그러자 S양은 깜짝 놀라며 핑계를 대는 것이었다.

"나는 요즘 위가 좋지 않아서 잘 소화가 되지 않아요. 우리 오늘은 메밀국수로 해요. 미안해요."

이처럼 막무가내로 돈을 쓰지 못하게 했다.

게다가 S양은 칭찬하는 것도 뛰어났다. 내가 업무에서 좋은 성과를 올렸거나, 상사에게 칭찬받거나 승진하면 나보다 더 기뻐해 주었다.

감격한 것처럼 눈에 눈물을 가득 머금은 채 격려해 주었다.

"대단해요. 정말 잘 됐어요. 당신이라면 반드시 해낼 거라 생각했어요."

S양의 이러한 말이나 행동은 나에게 큰 격려가 되었다. 열심히 일하겠다는 의욕을 불태우게 해주었다.

인간은 칭찬을 받으면 자신도 모르게 실력 이상의 힘을 발휘하는 것이다.

특히 사랑하는 여자의 격려나 미소는 남자에게 있어 강력한 추진제이다.

칭찬을 잘하는 여자는 남자를 반드시 출세시킨다.

● 대기업 사장을 만든 격려 한마디

이런 불황기에도 불구하고 오사카 신치의 최고급 클럽에서 매일 밤 1백만 엔이란 거금을 뿌리는 손님이 나타나 주위 사람들의 입에 오르내리고 있다.

어떤 사업을 하고 있는 사람인지는 모르지만, 일반인들에겐 상식적으로 이해하기 어려운 이 큰 씀씀이도 나는 어느 정도 짐작을 할 수 있었다. 이런 사람은 우리 업소의 단골손님 중에도 있었기 때문이다.

그것은 지금부터 10여 년 전의 일이다.

N씨는 부동산 회사의 사장이었다.

그는 거의 매일 밤 찾아와서 1백만 엔 이상을 뿌리고 갔다. 부동산 경기가 좋아 투기 붐이 한창 불붙던 시대라 꽤나 수입이 좋았던 모양이지만, 상식적으로는 이해하기 어려운 돈 씀씀이였다.

그런데 그에게는 묘한 버릇이 있었다. 어떤 때는 무일푼으로 찾아오곤 했다. 그리고 나에게 1백만 엔을 빌려 달라는 것이다.

나는 신용할 수 있는 사람이라서 즉석에서 빌려주었다. 그러면 두세 시간 동안에 우리 업소에서 몽땅 써버리는 것이다.

신용 카드가 있는데, 왜 구태여 나에게서 빌리는지 처음에는 몰랐었다. 후일 나에게 설명하는 걸 듣고 겨우 이해가 되었다.

"무슨 사정이 있어서 정말 무일푼으로 외출한 때도 있었지만, 1백만 엔을 빌려 쓰면 '자, 내일은 5백만 엔은 벌어야지!' 하고 분발하게 된단 말야."

즉 1백만 엔을 빌려 쓰면 그 돈을 갚기 위해 더 노력하게 된다는 것이다. 빌린 돈을 사업의욕을 분발시키는 자극제로 사용하는 듯했다.

그 후 N씨는 나를 만나면 당시를 회상하며 '자네 업소에서 1백만 엔을 쓰면 다음날엔 5백만 엔 벌었으니 불가사의한 일이야' 하고 말하는 것이었다.

그런데 그가 올 때마다 찾는 여자는 역시 호쾌한 호스티스였다.

그녀는 N씨가 좀 어깨가 처져 있으면 '대장부가 왜 그래요. 축

처져 있지 말고 기운내세요' 하며 N씨를 격려했다.

그러면 이상하게도 N씨의 안색은 환해지고, 목소리도 기운차게 되는 것이다.

"좋아! 내일은 꼭 분발해서 매출액을 1억 엔 정도 올릴 거야."

유흥업소 여자의 말에 따라서 기업체 사장이 분발한다는 것은 과장 아니냐고 생각하는 독자도 있을 것이다.

하지만 하룻밤에 1백만 엔을 쓰는 것은 먹고 마시거나 여자를 데리고 노는 대금뿐만이 아니다. 일류 호스티스쯤 되면 고객의 마음을 헤아리고 센스 있게 즐겁게 해주는 것이다.

말하자면 N씨가 쓰는 하룻밤 1백만 엔은 기업가로서 매일 녹초가 되게 지친 몸과 정신에 대한 활욕소의 대금인 것이다. 호스티스의 격려 한마디가 그에게는 1백만 엔 이상의 가치가 있는가 보다.

N씨는 그 뒤의 오일 쇼크도 문제없이 극복하고, 지금은 전국 굴지의 부동산 회사를 구축한 것이다.

너무 나서는 여자는
남자의 생활력을 붕괴시킨다

● 지나치게 챙기는 여자

　인내하는 여자와 똑똑한 여자는 현모양처의 귀감처럼 여겨지지만, 오히려 남자를 무능하게 만드는 경우가 많다.
　부모의 과보호 밑에서만 자란 아이가 언제까지나 부모 곁을 떠나지 못하고 자립하지 못하는 것과 동일하다.
　너무 똑똑한 여자나 지나치게 참는 여자를 만나면 의타심이 생겨 스스로 일을 해결하거나 책임을 지고 일을 완수하려는 열의를 갖지 않게 된다.
　친구 N씨 부부는 부인의 지나친 인내심 때문에 결국은 N씨가 무능하게 되어버렸다.

현재 부인은 파트타임으로 일하고 N씨는 스낵바에서 아르바이트를 하고 있는데, 그는 수입의 대부분을 술값과 노름으로 날리고 집에는 한푼도 가져오지 않는다.

그런데도 부인은 한마디도 불평을 하지 않는다. '똑똑한 아내'라고 친구들 사이에 알려져 있지만, 너무 똑똑하기 때문에 그는 더욱더 무절제한 생활에 빠져 있는 것이다.

특히 그의 주색잡기는 최근에 갑자기 더 심해졌다.

더군다나 그는 아는 사람들에게 돈을 빌리지만, 정작 본인이 갚은 적은 없다.

그래도 친구들은 부인을 보고 돈을 빌려준다. '빚을 지더라도 마누라가 어떻게 해줄 거야'라고 생각하기 때문에 그의 버릇은 조금도 개선되지 않았다. 부인이 좀처럼 싫은 말은 하지 않는 것 같다.

주벽도 심하여 술만 먹었다 하면 반드시 난동을 부린다. 그때마다 부인이 달려와서 뒷수습을 한다.

게다가 그는 부인에게도 매우 난폭하게 굴어 때때로 부인의 얼굴에 멍이 들게 하기도 한다. 그래도 부인은 꾹 참고 뒷수습을 한다.

너무 심해서 친구 한 명이 이렇게 충고했다.

"마음을 굳게 다지고 과감하게 대처하지 않으면 남편은 점점 무능하게 됩니다. 앞으로는 빚을 져도 결코 부인이 책임져선 안됩니다. 술집에서 행패를 부려도 모른 체하십시오. 그러면 정신을 차릴 겁니다."

친구의 권유로 부인은 친정으로 돌아갔다. 그러나 하루만에 돌아왔다.

'그 사람은 밥도 못하는데, 내가 없으면 식사도 하지 않은 채 방에만 틀어박혀 있을 거야'라고 생각하니 더 이상 친정에 있을 수 없었던 것이다.

부인의 생각대로 그는 이불 속에서 식사도 하지 않고 하루 종일 텔레비전만 보고 있었다.

● 불쌍한 남자라고 생각하는 여자

최근에 N씨 부부를 찾는 친구는 거의 없다. 은근 슬쩍 N씨를 피하는 친구들도 많다.

돈을 빌릴 데가 없어진 그는 사채에도 손을 뻗쳤다. 그러나 지금은 어느 누구도 충고하지 않는다.

예전의 동료들은 '저러다가 크게 당하지. 한번 된통당해 봐야 정신차리지' 하면서 냉담한 눈으로 그를 대할 뿐이다.

그래도 부인은 변함없이 그의 뒷수습을 하고 있다. 그와 헤어지려는 생각도 없이 꾹 참고 있는 것 같다.

최근에 나는 '그 친구의 부인이 과연 훌륭한 아내일까?'라는 의문을 갖게 되었다.

친구들은 N씨를 나무라지만, 나는 나무랄 쪽은 부인이 아닐까 한다.

지나치게 나서는 여자는 남자를 무능하게 만든다.

그녀에게는 현실 타파의 의지가 있는 것처럼 생각되지 않는다. 부인은 인내해서 그를 갱생시킬 것인가. 아니면 더욱더 그를 추락시키는 것은 아닐까. 부인의 진의는 어디에 있는 것일까.

나는 언젠가 N씨 부인이 한 말을 지금도 분명히 기억하고 있다.

"그는 아무리 빚을 지고, 술을 마시고 난동을 부려도 결국은 나한테 돌아올 거예요. 우리 남편은 내가 없으면 살아갈 수 없는 불쌍한 남자이니까요."

이 말을 들었을 때 나는 등골이 오싹했다. 외견상 N씨는 제멋대로 살아가고 있는 것 같지만, 실제로는 부인의 손바닥 안에서 놀아나고 있는 것에 지나지 않는다.

　이같은 부부관계가 계속 지속된다면 N씨는 몇 년 후에 틀림없이 정신적으로나 육체적으로 폐인이 될 것이다.

　지나치게 참는 여자, 너무 똑똑한 여자에 대한 두려움을 나는 N씨의 부인에게서 싫증날 정도로 느꼈다.

　그러면 어떠한 아내가 좋을까. 너무 똑똑한 아내, 지나치게 참는 아내가 아니라 능력 있는 아내, 적당히 참을 줄 아는 아내가 좋다.

　그렇다면 능력 있는 아내, 적당히 참을 줄 아는 아내는 어떠한 아내일까?

● 여자에게 의지하는 남자

　A씨는 하카타에서 수대에 걸쳐 가업을 잇고 있는 가게의 여주인이다.

　'하카타 여자는 경제 관념이 있고 정이 많으며 남편을 치켜세우는 방법도 알고 있으므로 아내로서는 최고'라고 사람들은 하카타 여자를 칭찬한다.

　A씨의 경우도 상당히 견실한 사람이다.

　A씨의 이야기에서 인상적이었던 것이 두 가지 있다.

　하나는 내가 젊었을 때의 이야기다.

　그녀는 남편의 바람기가 심했지만, 그것에 쌍심지를 켜는 여자는 아내로서 실격이라고 생각했다.

  그래서 남편이 기생을 데리고 와도 그녀는 식사를 대접한 후 기생에게 팁을 주며 '수고하셨어요' 라는 인사와 함께 현관 앞까지 배웅했다고 한다.

  지금의 젊은 부인들로서는 그녀의 그런 행동이 상상도 할 수 없는 일일 것이다.

  A씨의 이야기 중에 또 하나는 지금도 내 가슴속에 여전히 남아 있다.

  "장사는 나 혼자 해도 되므로 남편은 아무것도 하지 않아도 좋아요. 하카타 여자는 남자보다 상술이 좋기 때문에 남자는 장사를 여자에게 맡기고, 재산을 탕진하지 않을 정도로 놀기만 하면 돼죠."

  하카타 사투리로 기세 있게 말했는데, 남편은 장사에 방해가 되지 않는 한도내에서 무엇을 해도 좋다는 것이었다.

  A씨는 분명히 '너무 똑똑한 여자'이다.

  하카타 여자뿐만 아니다.

  규슈의 여자도 생활력이 매우 강해서 '남자 한두 사람은 먹여 살릴 수 있어요' 하는 여유가 있다. 그리고 허세부리는 규슈 남자를 세차게 이끌어간다.

  물론 모든 규슈 여자들이 그런 것은 아니다.

  또 한 사람은 B씨이다.

  B씨도 A씨와 마찬가지로, 남편의 방탕생활에도 불구하고 필사의 노력으로 가산을 지켜왔다.

두 사람의 공통점은 남편의 방탕에 대해서는 한마디도 불평을 하지 않았다는 것이다.
　"질투를 하면 끝이지요. 단 집으로 데리고 오는 것만은 철저히 금하고 있죠."
　'불륜문제는 가정에까지 끌어들이지 않는다'는 것이 철칙이라는 B씨의 말이다.
　이 점이 A씨와는 다르다.
　그런데 이 두 사람의 더 큰 차이점은 남편에 대해서이다.
　B씨는 분명히 말한다.
　"장사의 주체는 어디까지나 남편이지요. 그러므로 장사는 남편이 하자는 대로 하면 돼죠. 그러다 망하는 것은 어쩔 수 없지만, 어쨌든 여자는 어디까지나 뒤에서 망하지 않도록 떠받치는 것이 의무라고 생각해요."
　A씨와 B씨 모두 실권을 쥐고 장사를 하지만, 남편에 대한 태도는 자못 다르다.
　A씨, B씨 어느쪽이 좋은가는 독자의 판단에 맡기고 내 생각을 말하겠다.
　너무 똑똑한 아내와 지나치게 참는 여자는 남자의 의욕을 위축시킨다.
　장사의 경쟁상대를 공략해서라도 이익을 얻어서 처자식을 부양하려는 생활력이 점점 없어지는 것이다.
　게다가 그런 남자는 자신의 노력으로 돈을 벌어 맛있는 음식을 먹고, 좋은 여자를 만나 멋진 집을 짓고 인생을 마음껏 즐기고 싶다는 남자다운 패기가 없어진다.

돈은 '돈이 필요하다'는 생각에 노력하는 인간에게만 굴러 들어온다.

어쨌든 아내의 연약한 힘에 의지하여 만족해 하는 그런 부부는 결국은 별로 좋지 않은 결말을 맞게 된다.

제5부 이런 여자가 남자의 운명을 망친다

다른 남자와 비교하는 여자는
남자의 의욕을 꺾는다

● 여자의 시샘병

남의 애인을 몹시 칭찬하는 여자가 있는데, 그것만큼 불쾌한 일은 없다.

대개 여자끼리의 이야기는 경쟁심 같은 것이 있어서 과장하여 자랑하는 때가 많다.

그것을 진심으로 받아들여 자신의 애인이나 남편에게 '난 정말 그 친구가 부러워. 나도 상대를 좀더 신중하게 선택했어야 했는데……' 라고 한숨 섞인 탄식을 하면, 남자는 대개 '놀고 있네, 상대를 잘못 고른 것은 다름아닌 바로 나라구' 라고 말하고 싶어지는 법이다.

심한 시샘병에 걸려 있는 내 후배의 부인이 있다.

그녀는 미인인 데다가 성격도 원만하여 불쾌감을 주지 않지만, 시샘병에는 진절머리가 났다.

며칠 전에 저녁을 같이 하게 되었는데, 그때도 이 시샘병이 문제가 되었다.

그녀는 평상시와 같이 '들어보세요'에서 시작하여 '부러워요'로 끝나는 이야기를 시작했다.

"들어보세요. K씨의 남편은 스물세 살인데, 연봉이 무려 1천5백만 엔이래요. 게다가 가을에 집을 산대요. 나는 K씨가 너무너무 부러워요."

"K씨의 남편은 무슨 일을 하는데?"

후배가 언짢은 표정으로 물었다.

"악단원이래요."

"당신 바보 아냐? 악단원이 어떻게 그렇게 벌어? 1천5백 엔아니야?"

"악단원은 취미래요. 사실은 집안이 큰 목재상을 하는데, 그가 후계자래요."

자신과 다른 남자를 비교한다는 것은 남자에게 있어서 매우 불쾌한 일로써 의욕을 잃게 한다.

나도 한때 이런 시샘병의 여자와 사귀면서 불쾌한 경험을 한 적이 있다. 그래서 여자에게 이렇게 말했다.

"난 네가 부러워하는 남자보다 돈을 많이 모아 부자가 되겠지만, 그 전에 너와는 헤어지겠어."

어쨌든 남과 비교하는 여자와 함께 있으면 정신적으로나 육체적으로 너무 피곤하므로 빨리 헤어지는 것이 좋다.

● 남과 비교하는 여자

 타인에 대한 시기심 때문에 자신을 분발시키는 것이라면 별 문제가 없다.
 그러나 곤란한 것은 부러워하게 됨에 따라 남편 혹은 애인을 다른 남자와 비교하고, 그것으로 인해 그들의 의욕을 상실시켜 버리는 것이다.
 그러한 이유로 자신감을 잃는 남자도 문제가 있지만, 수시로 여자에게 남과 비교를 당하면 아무리 인내심이 강한 남자라도 금방 싫증나게 마련이다.
 시샘병에 걸려 있는 여자는 분명히 자주성이 없다. 자신의 기준이 있다면 어떠한 사람이든 부러워하지 않는다.
 끊임없이 타인과 비교하는 것에 의해 자신의 생활을 확인하는 여자는 자주성이 없는 여자로 실로 귀찮은 존재이다. 단지 타인을 부러워하는 것뿐이라면 괜찮다.
 또 타인을 기준으로 보기 때문에 스스로의 판단 기준이 서 있지 않아 무언가를 부탁받게 되면 딱 잘라서 거절 못하는 사람도 있다.
 끊임없이 남자와의 염문을 뿌리던 한 여성 탤런트와 이야기를 한 적이 있다.

그때 그녀가 입 밖에 낸 한마디가 아직도 가슴에 남아 있다.

"나는 부탁을 받으면 거절할 줄 모르는 성격이에요."

그녀가 끊임없이 다른 남자와 그렇게 지내는 것은 이러한 성격 때문인지, 아니면 원래 남자를 좋아하는 것인지 나로서는 알 수 없다.

하지만 부탁을 받으면 거절하지 못하는 자주성의 결핍이 남편이나 애인까지 피해를 주는 경우도 있다.

● 거절할 줄 모르는 여자

30대 중반의 주부가 상담하러 왔다.

그녀는 누가 부탁을 하면 싫다고 거절 못하는, 자주성 없는 성격이었다.

그녀의 말을 듣고 있는 동안에 내가 화가 치밀 정도로 자주성이라고는 찾아볼 수가 없었다.

일이 일어난 것은 십수년만에 열린 고등학교 동창회에서였다.

그녀는 그곳에서 과거의 애인과 만났다. 그 애인과는 고등학교 때 깊은 관계까지 있었을 뿐 아니라 결혼을 약속한 사이였다.

하지만 졸업 후 진학과 취직으로 인해 소원해져서 결국은 각기 다른 사람과 결혼하게 된 것이다.

동창회에서 오랜만에 재회하자 두 사람은 다시 예전의 감정에

남과 비교하는 여자는 남자의 의욕을 꺾는다.

사로잡혔다.

 게다가 급기야 남자의 권유로 몇 차례 호텔을 남편 몰래 드나들었는데, 지금까지 그 밀회가 계속중이라고 한다.

 그런데 그녀의 말이 또 걸작이다.

 "나는 이미 사랑이나 연애 따위 감정은 없지만, 상대 남성이 나에 대한 정을 잊을 수 없다고 자꾸 말해 딱한 생각이 들어서……."

 마치 성모 마리아와 같은 자비심을 가진 것처럼 보인다.

 본인이 사실 그런 감정을 가지고 있다면 나로서도 뭐라고 할말이 없어 그냥 듣고 있을 뿐이었지만, 그녀의 남편에게는 동정이 갔다.
 그녀는 내 마음은 아랑곳하지 않고 계속 말을 이었다.
 어느날 이웃 아주머니가 찾아와서 이런 부탁을 했다고 한다.
 "저, 죄송한 말씀이지만, 보증을 좀 서주셨으면 해서요. 절대로 댁에 피해를 끼치는 일 따위는 없을 테니까요."
 "그런 일은 우리 남편에게 상의하지 않으면……."
 "바깥양반에게는 도저히 그런 부탁은 어려워서…… 아주머니 밖에는 부탁할 만한 사람이 없어서 그러니 제발 나를 좀 도와주세요, 네?"
 이래서 거절할 수가 없었던 그녀가 보증인의 도장을 찍었단다. 물론 남편에게는 비밀로 했다. 그런데 그것이 사기에 걸린 경우였다는 것이다.
 수개월 후 채무자인 이웃 아주머니가 어딘가로 도주해 버리자, 채권자들이 그녀에게 들이닥쳐서 이자를 포함해 원금까지 5백만 엔의 거금을 변제할 것을 독촉해 왔다.
 할 수 없이 그녀는 집을 사려고 10년 동안 적립한 예금과 친정에서 급전을 얻어다가 부족분을 채워서 변제는 했지만, 이것으로 집장만의 꿈은 산산조각이 나버렸다.
 그런데 그녀가 무슨 상담을 하러왔는지 나는 나중에 겨우 알게 되었다.
 그녀는 임신 6개월이었는데 그 아이의 아버지가 남편인지, 동창 애인인지 확실치 않다는 것이다.
 "그 남자와 관계할 때는 그가 자신만만하게 임신이 안될 거라

고 해서 피임 조치를 하지 않았고, 남편과는 관계 횟수가 적어
서 임신 가능성이 없다는 생각이 들고……."

그녀는 남자의 말을 너무 고지식하게 받아들였기 때문에 화를
자초한 것이다.

"그 남자는 애를 낳으면 서로 각각 이혼하고 같이 살자고 하고
남편은 둘째를 낳게 되어 기쁘다고 하는데, 나는 어떻게 하면
좋을지……."

아직도 판단을 타인에게 위탁하려는 자주성이 없는 태도였다.

어쨌든 그런 결과는 자기가 자기 행동에 대한 책임을 질줄 모
르는 우유부단성 때문에 초래한 그녀의 불행이었다. 그러면서 아
직도 자기 힘으로는 결단을 못내리고 있다. 가정 붕괴는 이미 정
해진 순서이다.

남을 부러워하는 병과 부탁하는 일에 거절 못하는 유약성, 즉
여자의 자주성 없는 성격에서 생기는 트러블은 남편과 가정을 파
멸로 이끌어 버린다.

신세타령만 하는 여자는
남자의 좋은 운을 막는다

● 적응력이 부족한 여자

 남자의 좋은 운을 빼앗아가는 여자는 머리가 나쁜 여자이다.
 여기서 말하는 머리가 나쁘다는 것은 지능지수가 낮다거나 학력이 낮다는 것이 아니다.
 결혼을 하고도 자기 마음대로 고집만 부리는 여자, 주위 상황과 타협할 줄 모르는 여자를 말한다.
 아무리 명문 대학을 나온 재원일지라도 타협을 모르는 여자는 머리가 나쁜 여자이다.
 그러나 반대로 학벌은 없어도 그때그때의 상황에 따라 현명하게 판단하고 대처할 줄 아는 여자는 머리가 좋은 여자이다.

타협할 줄 아는 여자란 그때그때의 분위기나 남편의 얼굴색으로 자신이 해야 할 일을 알아차리는 여자이다.

반면 타협할 줄 모르는 여자란 남편의 안색이나 주위 상황 따위에는 아랑곳하지 않고 자신의 생각대로 행동하는 여자이다. 말하자면 정신적으로 덜 성숙된 여자인 것이다.

특히 샐러리맨은 주위와 타협할 수 있는 유연성을 가진 여자를 아내로 맞아야 한다. 타협이란 말이 귀에 거슬린다면 적응력이라 해도 좋다.

요컨대 샐러리맨의 가정은 직장 동료나 상사와의 접촉이 매우 잦은 곳이다. 부부 동반으로 상사 집에 초대받을 때도 있다.

만일 그럴 때 여자가 자신이 싫어하는 음식이 나왔다고 해서 거들떠보지도 않는다면, 남편의 품위는 그만큼 실추될 것이다.

샐러리맨의 아내는 어떤 것이라도 수용할 수 있는 포용력을 갖고 있어야 한다.

특히 샐러리맨들에게 따라다니는 전근 문제에 있어서도 어떻게 하루라도 빨리 그 지방에 익숙해질 수 있느냐 하는 적응력이 남편보다는 아내에게 더 절실히 요구된다.

전근해 간 곳에서 고독감을 못이긴 부인이 심한 노이로제에 걸렸다는 비극도 있다.

이것은 적응력 결핍, 즉 타협할 줄 모르는 여자의 비극이라 할 수 있을 것이다. 스스로 마음의 문을 열면 고독 따위는 있을 수가 없다.

조금은 빗나간 이야기지만, 자민당의 나카소네가 수상이 된 것은 그의 풍향계 같은 처세 덕택이었다고 한다.

만일 여자가 나카소네 같은 풍향계를 가졌다면 그보다 더 바람직한 것도 없을 것이다. 단 그 방향이 문제이다.

그 방향이 남편 쪽이라면 더 이상 바랄 것 없이 좋겠지만, 그 방향이 다른 남자나 다른 일을 향한 것이라면 이것 또한 곤란한 일이 아닐 수 없다.

남편의 얼굴을 보고, 또는 주위 분위기를 파악하여 재빨리 자신의 처세를 결정하는 풍향계 같은 여자, 바로 이런 여자가 남편을 성공시키는 여자이다.

● 주위 사람들을 난처하게 하는 여자

호스티스였던 T양은 항상 '나는 왜 이리 남자 복이 없는지 몰라'라고 자신의 신세를 한탄만 하는 여자였다.

균형잡힌 몸매에 갸름한 얼굴형, 게다가 우유빛처럼 투명한 피부를 가진 그녀는 속된 말로 손님들에게 아주 잘 나가는 여자였다.

그런데 웬일인지 한 남자와 오래 살지를 못했다.

이혼 경력이 다소 문제이기는 했지만, 이런 매력적인 여자라면 남자들이 싫어하지는 않을 것 같았다.

어느날 나는 영업 실적도 좋고 해서 T양에게 프랑스 요리를 사주었다.

얼굴 표정을 빨리 읽는 여자는 남자를 성공시킨다.

요리가 들어오자 그녀는 접시를 들고 냄새를 맡아보았다. 그리고는 고개를 갸웃거리더니 얼굴을 찡그리는 것이었다.

나는 프랑스 요리를 먹어본 적이 없어서 그러려니 하고는 그녀가 무안해 할까 봐 난처한 표정으로, 그러나 분위기가 어색하지 않도록 신경을 쓰면서 말했다.

"프랑스 요리를 시키는 게 아니었는데 잘못했나 봐."

그런데도 그녀는 좀처럼 음식에 손을 대지 않았다. 순식간에 그녀 앞에 접시들이 즐비하게 쌓였다.

"좋아하지 않으면 내가 먹어도 돼?"

나는 슬며시 내 쪽으로 접시를 끌어당겼다.

'아뿔싸, 이런 곳으로 데리고 오는 게 아니었는데…….'
나는 몹시 후회를 했다.

그런 일이 있고 며칠 후 나는 다시 그녀와 식사할 기회를 만들었다.

무엇을 먹고 싶냐는 나의 질문에 초밥집으로 가자고 했다.

초밥집에서 그녀가 주문한 것은 에츠라는 생선 초밥이었다.

에츠라는 생선은 그녀의 고향인 후쿠오카에서도 장마철에밖에 잡히지 않는 물고기였다. 그런 물고기가 이런 도쿄에 있는 초밥집에 있을리가 없었다.

가게 주인은 조금 난처한 표정으로 다가와 말했다.

"손님, 죄송합니다만 그런 생선 초밥은 없는데요. 다른 걸로 주문해 주시겠습니까?"

그러자 그녀는 '그럼 됐어요'라고 쌀쌀맞게 말하고는 자리에서 벌떡 일어서는 것이었다.

T양은 꽤 편식가이기도 했지만, 그 이상으로 제멋대로인 여자였을 뿐 아니라 타인의 기분을 맞추는 능력이 없는 여자였다.

클럽 손님 상대로는 이런 방자함이 오히려 인기를 얻는 면도 있겠지만, 개인적인 만남에서는 이만큼 다루기 힘든 여자도 없을 것이다.

그 후에도 나는 그녀를 데리고 다른 호스티스들과 함께 몇 차례 식사를 같이 해봤지만, 역시 동석한 사람들의 기분을 상하게 하는 짓을 서슴지 않았다.

예를 들면 포크를 컵에다 넣고 씻는다든지, 소금이나 간장을 신경질적으로 뿌리는 등 정말로 자기 하고 싶은대로 하는 여자였다.

한 가지 내가 안 것은 그런 행동이 타인의 감정을 상하게 하고 있다는 것을 본인은 모르고 있다는 것이었다.

T양이 매일 '나는 왜 이리 남자 복이 없는지 몰라' 라고 자신의 신세를 푸념한 것도 사실은 이러한 그녀의 행동에 원인이 있었던 것이다.

남자 복이 없는 것이 아니라, 떠나간 남자들에게 여복이 있었던 것이다.

이러한 타입의 여자와는 빨리 헤어지는 것이 현명한 남자일 것이다.

여자가 예절이 바르지 않으면 남자를 수렁으로 빠뜨린다

● 애교 있고 예절 바른 연예인

애교가 있고 예절이 바른 것은 연예인에게는 필수적인 요건이다.

따라서 그것을 자연히 갖추게 된 사람은 인기 스타가 될 자격이 충분하다.

현재 활약중인 가수 중에서 나에게 먼저 인사해 온 여자는 니시카와 씨와 가미하라 씨였다.

니시카와 씨는 텔레비전 방송국 복도에서 마주쳤을 때 '안녕하세요'라고 밝은 표정으로 인사를 잘했다.

그녀는 만나는 사람마다 누구든 상관없이 애교 섞인 얼굴로 인사를 한다고 한다.

 나는 그 밝은 표정에서 천성이라는 것을 느꼈다. 그 후 예상했던 대로 그녀는 대인기를 얻게 되었다.

 가미하라 씨와는 데뷔 얼마 후 방송국 현관 앞 광장에서 만났다.

 브라운관에서 볼 때보다 스마트하다고 생각하면서 현관 안으로 들어가려 할 때 '안녕하세요' 하고 먼저 인사를 해왔다.

 나는 깜짝 놀라면서 답례하고, 그 후부터 그녀의 열렬한 팬이 되었다.

 다케시와 게이코를 며느리로 맞고 싶다고 어느 기업가가 말했지만, 그녀는 확실히 누가 봐도 탐날 정도로 인상과 매너가 좋은 여성이다.

 지금도 나에게 인상 깊게 남은 연예인이 있다. 그 연예인은 1982년 1월 급서한 에리 씨다.

 나는 21세 때 시부다니 영화관 지하에 있는 클럽에서 일한 적이 있었다. 따라서 에리 씨가 그 클럽에 출연하고 있던 때의 이야기다.

 어느날 나는 클럽 입구에서 손님 맞는 일을 하고 있었다.

 그때 에리 씨가 나타나며 '안녕하세요' 하고 큰소리로 반갑게 인사를 했다.

 나는 그녀가 누구에게 인사를 했는지 궁금해서 뒤를 두리번거렸다.

 그런데 그녀가 '후쿠도미 씨, 당신께 인사했어요' 하는 것이 아닌가.

나는 너무 뜻밖이라 놀라고 당황해서 얼른 허리를 굽혀 '고맙습니다, 고맙습니다'를 연발했다.

당시의 에리 씨는 대스타였다. 그리고 나는 겨우 20세 갓넘은 웨이터 중의 한 명이었을 뿐이었다.

나는 너무나 기쁘고 우쭐해서 다음날부터 매일 그 시각에 같은 자리에서 에리 씨의 출근을 기다렸다가 인사를 교환하곤 했다. 물론 일하는 것도 즐거웠고 손님 맞는 기분도 명랑해졌다.

세월이 한참 지난 후 나는 어떤 파티장에서 그녀를 만났다. 사망하기 3개월 전쯤이다.

나는 예전의 기억이 떠올라 이야기를 꺼내려고 그녀에게 다가갔다.

그러자 그녀가 먼저 말했다.

"후쿠도미 씨, 당신 부인은 대단히 예쁘고 인상이 좋더군요. 같은 여자인 나도 반해 버렸어요."

이 말에 내 아내는 대감격을 했다.

그 후 그녀는 텔레비전에서 보리차 광고를 했는데, 내 아내는 그녀가 광고에 나올 때마다 '에리 씨다, 에리 씨다!' 하고 어린애처럼 좋아했다.

게다가 그녀가 광고하는 보리차를 사들고 와서는 나와 아이들에게 '에리 씨의 보리차예요' 하며 권하기도 했다.

인간이란 불가사의한 동물이다. 변덕쟁이라고도 할 수 있다. 인사말 한마디로 상대에 대한 감정이 확 바뀌어지기 때문이다.

나 역시 에리 씨나 가미하라 씨에게 그다지 관심이 없었는 데도 상냥하고 미소 띈 얼굴로 '안녕하세요' 하는 한마디에 스타와의 거리가 바짝 가까워졌고, 갑자기 팬이 되어버리고 말았으니 말이다.

이와 반대의 사건도 있다.

이름은 밝힐 수 없지만 어느 여가수인데, 지금 젊은 남성층에서 최고의 인기를 다투는 스타이다.

데뷔 당시에는 순진하고 상냥해서 각층에서 좋아하는 인기 스타였지만, 최근에는 어쩌다 마주쳐서 인사를 해도 귀찮은 듯이 고개만 까딱할 뿐 미소도 보이지 않는다.

이런 교만한 태도를 본 나는 그녀가 철저하게 싫어졌다. 그래서 텔레비전을 보다가도 그녀가 나오면 얼른 채널을 돌려버리곤 한다.

● 인사는 인격을 판단하는 기준

나는 애교가 있고 예절이 바른 연예인은 인기 스타가 될 자격이 충분하다고 했는데, 이것은 일반 여성의 경우에도 적용되는 진리일 것이다.

애교가 많은 여자, 즉 상냥한 태도로 인사를 잘하고 사교성이 좋은 아내나 연인은 어떤 유능한 비서보다도 남편에게는 큰 역할을 해준다.

인사성이 바른 여자는 남자를 출세시킨다.

 그러나 반대로 그것을 잘 못하는 여자는 대개의 경우 남편의 지위나 인격을 격하시키게 된다.
 자주 연예인을 예로 들어서 죄송하지만, 이즈미라는 탤런트와의 에피소드를 소개하겠다.
 어떤 텔레비전 방송국에서 있었던 일이다.
 나는 토크쇼 프로에 출연하기 위해서 차를 현관 옆에 주차하고 들어가려는데, 뒤에서 나를 부르는 상냥한 여자의 목소리가 들렸다. 뒤돌아보니 탤런트 이즈미 씨였다.
 그녀는 일을 끝내고 방송국을 나오는 길이었던 것 같았다.
 그녀는 내 옆으로 다가오더니 밝게 웃으며 말했다.

"와! 훌륭한 차네요. 후쿠도미 씨에게 꼭 어울리는군요."

그녀는 이렇게 칭찬을 하고는 고개를 숙여 인사하고 자기 차에 올라탔다.

나는 지금까지 그녀와는 그다지 친밀한 사이도 아니었다. 한자리에서 대화를 나눈 적도 없었다.

그러나 그 상쾌한 인사와 칭찬의 말 한마디에 나는 저절로 고개가 숙여지고, 그녀에게 대단한 호감이 갔다.

그 후부터 나는 만나는 사람마다 이즈미 씨는 앞으로 대성할 거라고 칭찬의 말을 아끼지 않았다. 그녀와 같이 애교 있는 사람은 반드시 훌륭한 탤런트가 되고, 좋은 아내가 될 것이라고 칭찬하며 다녔다.

나는 많은 연예인들로부터 인사를 받아왔다.

그러나 마음에서 우러나는 정성이 담긴 인사인지, 어떤 속셈이 숨은 인사인지 단번에 알 수 있다. 그 표정과 말씨로 상대의 속마음을 꿰뚫어볼 수 있는 것이다.

나는 정성이 담긴 인사에는 대단히 약해진다. 단번에 그 사람의 팬이 되어버리고 만다.

그것은 구태여 연예인에게 국한된 것은 아니다. 그러므로 나는 샐러리맨이건 사업가건 그 사람이 어떤 인사와 찬사를 하는가를 관심을 가지고 지켜보고 있다.

절대로 약점을 잡거나 심술궂은 마음의 발로가 아니고 그 사람의 인격의 됨됨이를 빠르게 파악하기 위해서이다.

게다가 나는 남자의 경우보다 여자의 예절에 대해서 주의 깊게 보고 있다.

남자는 때로는 무뚝뚝한 인간도 있고, 인사도 요식적이고 의례적인 요소도 강하다.

그러나 부인들의 예절과 인사는 함께 다니는 남편의 인격을 판단하는 기준이 되기도 한다.

따라서 부인에게서 기분 좋은 인사나 찬사를 받았을 때는 아울러서 그 남편에게도 호감이 갈 뿐 아니라, 친밀한 관계를 맺고 싶은 마음이 생기는 것이다.

● 집에 많은 사람들이 모이는 이유

어느 출판사 중역 부인의 이야기다.

그녀는 그다지 미인은 아니지만, 참으로 인사성 바르고 상큼한 인상을 풍기는 여성이다. 전화를 걸어서 통화해 보면 마치 깨끗한 물로 마음을 씻는 듯한 느낌이 든다.

"어머! 후쿠도미 씨, 전화를 주셔서 고맙습니다. 언제나 좋은 모습을 보여 주셔서 우리들도 기뻐요. 선생님 프로그램을 밤마다 남편과 함께 보면서 즐기고 있어요. 늦은 밤까지 일하시느라 피곤하시죠? 부디 건강에 유의하셔서 항상 좋은 프로그램을 방송해 주시기 바래요."

전날 밤의 통화 내용이다. 아직 남편이 귀가 전이었으므로 오랜만에 부인과 길게 통화할 수 있었지만, 여느 때 같으면 금방 남편에게 전화를 바꿔주곤 했다.

 그녀는 억지로 무례하게 수화기를 붙잡고 긴 이야기를 늘어놓지 않는다. 그러면서도 자연스럽게 상대에게 찬사를 보내주곤 한다.

 어쩌다가 집을 방문할 기회가 있을 때면 언제나 젊은 사람들이 2,3명 모여 있다. 토요일이나 일요일 오후에는 7,8명이 모일 때도 있다. 그 정도로 그녀가 다른 사람들을 편하게 해준다는 얘기다.

 며칠 전 음식점을 운영하는 친구와 얘기를 나누었다.

 그가 운영하는 가게는 젊은 계층에게 대단히 인기가 많았다. 그 원인은 어떤 젊은 여성 탤런트가 단골로 자주 출입하기 때문이라고 한다.

 그 아가씨가 환하게 웃으면서 애교를 떨며 가게 분위기를 일신해 버렸으므로 그 상냥한 얼굴을 보기 위해서 많은 젊은이들이 모여드는 것은 당연한 일이리라.

 출판사 중역 부인을 그 젊은 탤런트와 비교하는 것은 안됐지만, 그 중역 집에도 역시 부인의 밝게 웃는 얼굴을 보기 위해서 젊은 남녀들이 모여들었던 것 같다.

 어쨌든 많은 사람들이 모이면 자연히 인맥이 넓어지고, 각종 정보를 빨리 알 수 있는 것은 당연한 이치다.

 따라서 그가 기획한 책들이 계속해서 베스트셀러를 낼 수 있었던 것도 풍부한 정보망이 있었기 때문이라고 생각된다.

 그는 사장이나 전무의 족벌도 아니고 사내 학벌에서도 벗어나 있다.

  그럼에도 불구하고 실력자로서 평가도 높고, 엘리트 코스를 걷고 있다.

  중견 사원과 젊은 편집자들에게 인기가 높아 이들 의견들이 모두 변영되어서 중역이 된 것이다.

  그의 출세 뒷그늘에는 부인의 인격과 덕망이 적지 않게 작용을 했을 거라고 나는 생각한다.

  아무리 실력자라도 부인에게 매력이 없다면 젊은 층들이 집에 모여들지 않는다.

  그는 무엇보다도 훌륭한 보물을 가지고 있다고 할 수 있다.

기지가 부족한 여자는 남자를 난처하게 만든다

● 여자의 기지로 목숨을 구한 남자

　남자가 결혼 상대를 결정할 때는 그 여자가 기지가 있는 여자인가 아닌가 하는 조건도 판단 기준의 하나도 삼아야 할 것이다.
　아내라는 존재는 말하자면 남자에게 있어서 생명의 절반을 책임지고 있는 셈이다.
　남편이 무슨 절박한 위험에 처했을 때 재빨리 그 위험을 예지하고 가르쳐 주어야 하는 것이다.
　또 순간적으로 재빠른 대응책을 남편과 함께 조처할 수 있는 능력이 있어야 한다.
　왜냐하면 그러한 능력의 여부에 따라 남자의 일생이 크게 좌우

되기 때문이다.

　인간에게는 소위 육감이 작용하는 사람과 그렇지 못한 사람이 있다.

　따라서 아내가 다소라도 육감이 작용한다든가, 기지가 있다든가 하면 남편에게는 천군만마를 얻은 것과 같다.

　사업이나 직장이나 가정은 언제 큰 위기가 닥쳐올지 모른다. 그런 때 남편의 뒤에서 덜덜 떨고 있는 아내라면 오히려 방해만 될 뿐이다.

　또 남자는 대개 집을 떠나 밖에서 활동하기 때문에 아내가 자질구레한 일들을 척척 처리해 나갈 수 있다면 밖에서 안심하고 일을 할 수가 있다.

　역사적으로도 여자의 육감이나 기지로 남편이 목숨을 유지하게 되고, 출세의 기회를 잡을 수 있었다는 예가 헤아릴 수 없이 많다.

　특히 격동기를 살았던 남자들에게는 무슨 사건을 당했을 때 침착하게 기지를 발휘하는 아내가 필요했을 것이 틀림없다.

　이때 단지 장식품 같은 양갓집 출신의 여자는 방해물에 불과하며 아무 쓸모가 없을 것이다.

　제2차 세계대전 말엽의 일이다.

　연합군 수뇌들은 포츠담 회담 결과 포츠담 선언을 발표하고, 일본이 이를 승복하고 무조건 항복을 할 것인가, 아니면 항전을 계속할 것인가 양자택일하라는 최후 통첩을 했다.

　따라서 일본 국내는 양극으로 갈라져 더욱 어수선해졌으며, 어느 용기 있는 인물이 총리로 등장해서 이 문제를 결정할 것인가가 당시의 관심사였다.

이때 스즈키 해군대장이 총리로 등장했다. 그리고 역사적인 8·15 무조건 항복을 감행해서 일본의 인명과 재산의 피해를 덜게 해주었다.

그러나 당시 반대파인 일본 육군에서는 스즈키 총리를 죽이려고 갖은 방법을 동원했다.

하지만 다행히 실패로 돌아갔기 때문에 일본은 구제를 받게 된 것이다.

그런데 이 스즈키 총리 뒤에는 남편의 위기를 구해준 현명하고 순발력 있는 부인의 공로가 있었다는 뒷이야기가 있다.

2·26사건(일본 군부의 하극상 사건) 당시, 스즈키는 부하 장교들에 의해 살해당할 운명에 놓여 있었다. 반란 장교들의 습격을 받고 총격에 의해 쓰러졌던 것이다.

그때 그의 부인은 남편에게 확인 사살을 하려는 순간, 쓰러진 남편 위에 자기 몸을 덮고 '확인 사격만은 제발 하지 말아주십시오' 하고 애원했기 때문에 반란 장교도 최후의 한방을 거두고 말았다.

결과적으로 스즈키는 아내 덕으로 소중한 목숨을 건질 수 있게 된 것이다.

만약 부인의 일순간의 기지가 없이 스즈키가 2·26사건 당시에 절명했더라면, 포츠담 선언을 수락하는 엄청난 역할을 짊어질 자가 없었을지도 모른다.

그렇게 됐다고 가정하면 수없이 원자폭탄 세례를 받았을 뿐 아니라, 미군은 북해도와 본토에까지 상륙해 왔을지도 모른다.

어쨌든 2·26사건 당시 죽을 운명에 놓여 있던 스즈키의 목숨이 살아 남은 덕택으로, 일본의 희생은 그 이상 당하지 않았다고 볼 수 있다.

즉 자기 몸을 던져서 남편의 확인 사살을 막은 부인은 일본을 구해 주었다고 해도 과언은 아니다.

● 순발력 있는 답변

아내의 기지가 어떤 때는 남편의 생명을 구할 뿐 아니라, 나아가서는 역사의 흐름까지도 바꿔 버리는 힘을 가졌다는 것을 역사상의 실존 인물을 예로 들어서 이야기했다.

현재와 같은 평화시대에는 남자에게 있어서 실제로 목숨을 거는 그러한 일은 그다지 없다고 생각하는 사람도 많을 것이다.

그러나 세상이 더 복잡해지고 있는 만큼 옛날보다도 순간의 기지를 필요로 하는 때가 많아졌다.

따라서 기지가 있는 여자의 중요도는 더더욱 높아져 있다고도 말할 수 있다.

이 기지라는 것은 머리가 좋고 순발력이 있는 것과도 관계가 있다. 이때 머리가 좋다는 것은 학창시절의 성적과는 전혀 관계가 없다.

여자의 순간적인 기지는 남자의 생명도 구한다.

고객을 상대로 하는 유흥업의 경우를 예로 들어보겠다.

아카사카의 작은 바에 고용된 마담이기는 하지만, 23세의 나이로 업소 하나를 맡아 운영하는 M양은 머리 회전이 빨라서 대화를 해도 즐겁다.

또한 동행이 있을 때는 거리를 두는 신경을 써주는 등 손님들의 심리를 잘 파악해서 배려해 준다.

언젠가 7, 8명의 일행이 조용히 술을 마시며 즐기고 있는 중이었다.

그때 갑자기 큰소리를 지르며 거칠게 들어서는 일행이 있었다. 거나하게 취한 세 사람이었다.

순간 홀 안은 험악한 분위기로 바뀌었다.

그때 순발력을 발휘한 M양이 그들에게 다가가 정중히 '여기는 오늘 저녁 이분 회원들 일행이 예약된 장소여서……' 하고 기지를 보여주었다.

그러자 그 일행은 즉시 머쓱해진 모습으로 나가버렸다.

실로 재치있는 고객 관리로 그 손님들도 화내지 않고, 기존 손님들의 분위기도 깨뜨리지 않고 모두가 아무 일도 없었던 것처럼 다시 즐거운 분위기가 되었다.

아차 하면 분위기가 살벌해질 수 있는 순간을 조용히 부드럽게 처리한다는 것은 그렇게 쉬운 일이 아니다.

여자의 일순간의 기지는 남자의 완력이나 어느 명연설보다도 때로는 효과적인 것이다.

그것은 구태여 유흥업에 한정된 것은 아니다. 가정에 있어서도 마찬가지다.

나는 어떤 친구 집에 피치못할 사정으로 아침 이른 시간에 전화를 한 적이 있었다.

"남편은 지금 아침 산책을 나가고 없는데요. 돌아오면 전화를 드리도록 하겠어요. 미안합니다."

그의 아내가 이렇게 대답하는 것이었다.

후일 그 친구를 만나서 아침 산책은 건강에 매우 좋은 거라고 칭찬을 하자, 그는 빙그레 웃으며 그때 사정을 밝혀주었다.

실은 그때 그는 화장실에 있었다고 한다. 그것을 '화장실에 있으니까 잠시 기다려 주시겠어요?' 라고 하면, 이른 아침부터 기분 좋은 답변은 아닐 것이다.

 그래서 그의 아내는 순발력 있게 '아침 산책'이라고 말해 나에게 상쾌한 기분을 갖게 해준 것이다.

 특별히 역사를 바꾼다는 굉장한 일은 아닐지라도, 일상의 조그만 일도 아내의 슬기로운 언행이 남편과 그의 친구들의 마음을 부드럽게 해줄 뿐 아니라 사업상의 대발전으로 이어지게 하는 것이다.

마음을 열지 못하는 여자는
남자의 운명을 깨뜨린다

● 확실한 대답을 못하는 여자

표변(豹變)이라는 말이 있다.
'그 여자가 어쩌면 그렇게 돌변할 수가 있을까?' 하고 그 급변한 모습에 놀란 것은 내가 22세 무렵부터 사귀어오던 여자에게서였다.

아무튼 나는 이 여자를 2년 동안이나 사귀어왔지만, 끝내 손한번도 잡아보지 못하고 말았다.

그녀를 처음 만난 것은 내가 지배인으로 일하고 있던 어느 클럽이었다. 같은 직장의 여성과 사귀는 것은 금법이었으므로 그 당시에는 그다지 적극성을 가질 수가 없었다.

그 뒤 그녀가 다른 클럽으로 옮겼으므로 이번에는 내가 손님 자격으로 사귀었다.

처음으로 데이트한 날이었다.

우리는 함께 식사를 하게 되었다. 나는 미트볼과 맥주를, 그녀는 슈마이를 주문했다.

나는 이야기를 하면서 미트볼을 먹으며 맥주를 한잔 두잔 비워 나가는데, 그녀는 요리에 거의 손을 대지 않고 있었다. 겨우 젓가락으로 슈마이를 조금씩 집어서 입에 넣고 오물거릴 뿐이었다.

"좀더 맛있게 들어요. 나만 열심히 먹고 마시니까……."

"네."

대답은 확실하게 하지만 먹는 것은 여전히 같이 있는 상대가 피곤할 정도였다. 약 한 시간 30분 동안에 슈마이를 반접시도 못 먹었다.

완전히 불가사의한 여자였다.

그러나 자기 직무에는 대단히 성실하고 허튼소리는 하나도 하지 않았다. 그러므로 나도 2년간이나 사귀면서도 확실한 대답은 받지 못했다.

나는 최종 결단을 내리기로 했다. 상대편에게 그런 의사가 없으면 이쪽에서도 깨끗이 단념하기로 마음먹었다.

"당신은 나를 어떻게 생각하는지 확실히 대답해 줘."

"모르겠어요."

"모른다면 곤란하지 않은가. 2년간이나 사귀어오면서 모르다니. 싫다고 하면 단념할 테니까 확실히 대답해 줘."

"존경하고 있어요."

그녀의 이 한마디 대답에 나는 할말을 잃었다. 재치있는 대답이다. 이것으로 나는 깨끗이 단념해 버렸다.

왜냐하면 우리 업소에 근무하는 아가씨들에게도 '존경합니다'라는 말을 가르치고 있지만, 상대방의 자존심을 손상하지 않고 은근히 거부하는 말대답이기 때문이다.

따라서 2년간이나 사귀었는데 좋지도 나쁘지도 않고 '존경한다'는 대답은 깊이 생각해 보면 너무나 가혹한 대답이라고도 할 수 있다.

● 남자를 거부하는 여자

그녀와는 그 후 어쩌다 식사를 같이 하는 정도로 지내게 되었다.

그러던 중 그녀에게 새 애인이 생겼다는 소문을 들었다.

나는 2년 동안이나 사귀면서 손도 잡지 못했으므로, 그녀가 육체적으로 어딘가 결함이라도 있는 것이 아닌가 하고 생각하고 있었기 때문에 더욱 놀랐다.

게다가 상대 남자를 알고는 또 한번 놀랐다. 주먹세계의 우두머리였기 때문이다.

나는 '그렇게 몸가짐이 확실한 여자였는데……' 하고 이상하게 생각했다.

여자가 돌변하면 남자를 깊은 수렁으로 빠뜨린다.

그래서 언젠가 그의 부하를 만나서 슬쩍 물어봤더니, '그녀에게는 아직 손도 잡지 못하고 있나 봅니다' 하는 대답이었다.

나는 '자신의 몸을 허락하지 않은 것은 아마 나 한 사람뿐만이 아닌 것 같군' 하고 한편 안심도 하고 감탄도 했다. 역시 그에게도 '존경하고 있어요' 라는 대답이었을 것이다.

나중에 안 일이지만, 그녀가 남자에게 마음을 열지 못하게 된 것은 성장 과정에서 형성된 듯하다.

그녀는 어렸을 때 부친이 딴 여자에게 홀딱 빠져 집에 들어오지 않아 모친과 단둘이 살아가면서 고생이 심한 세월을 보냈다고 한다.

그래서 남자에 대한 불신감을 떨쳐버릴 수가 없었을 것이다.
 그래가지고도 어떻게 남자를 상대로 하는 호스티스 일을 잘도 해냈다고 감탄했지만, 남자에 대해서는 '존경' 이상의 감정은 안 가지고 사생활과 명확히 구분해 왔을 것이다.
 그 후 그녀는 다시 우리 클럽에서 일하게 되었다. 성실성은 변하지 않았다.
 그녀는 술을 마시지 않으므로 객석에서는 아무것도, 심지어 물조차도 입에 대지 않아서 마치 계율을 지키는 수녀와 같은 분위기의 여자였다.
 따라서 그 금욕주의적인 생활 방법이 가장 성에 대해 개방적인 장소 중의 하나인 클럽에서는 오히려 손님들에게 신선하게 비쳐져 손님들의 인기를 얻게 된 것인지도 몰랐다.

● 사랑의 도피행각

 그러던 그녀가 어느날 갑자기 돌변한 것이다.
 그것은 당시 우리 클럽에서 해마다 실시하는 숨은 재능 발표대회에서였다. 손님과 호스티스가 교대로 가설무대에 나가서 특기나 재능을 보이며 즐기는 이벤트 행사였다.
 그런데 그날따라 좀처럼 흥이 무르익지 않았다. 무대에 뛰어오르는 사람들이 적고 가라앉은 분위기였다.
 그때 돌연 그녀가 무대에 뛰어올랐다. 그리고 음악에 맞춰 춤을 추면서 옷을 벗기 시작했다.

당시는 지금과 달라서 아무리 호스티스라도 누드의 모습을 손님에게 보여주는 여자는 없었다.

그녀의 뜻밖의 대서비스에 손님들은 모두 대환호였다.

이윽고 그녀는 반라의 모습으로 홀라 춤을 추기 시작했다.

그러자 섹시하게 허리와 엉덩이를 흔들어대는 그녀에게 이끌려서 손님들이 하나 둘 무대 위로 올라갔다.

그리고 마침내 홀 안의 사람들이 모두 하나가 되어 즐거운 대축제의 분위기를 이루게 되었다.

나를 비롯해서 홀 안에 있던 모든 손님들과 동료 호스티스들은 깜짝 놀랄 수밖에 없었다. 술을 못 마시는 여자이므로 물론 취중 행위도 아니다.

그 후 나는 그녀에게 왜 그랬느냐고 물었다.

그러자 그녀는 '그냥 해보고 싶었어요' 하며 태연하게 말했다.

어쨌든 그녀의 행동은 나의 상상의 범위를 넘어섰다. 클럽에서도 한참 동안 이것이 큰 화제가 되었었다.

그런데 얼마 후에 그녀가 클럽에서 모습을 감추었다. 젊은 웨이터와 함께 사랑의 도피를 했다는 것이다. 왜 도피했는지 그 이유도 확실하지 않은 채.

아무튼 그녀는 홀연히 내 눈앞에서 사라졌다. 그 후의 행방도 판명되지 않았다.

금욕주의자로 보일 정도로 몸가짐이 완벽했던 그녀가 반라로 무대에서 춤을 추고, 남자와 함께 사라졌다는 사실은 나의 여성

관을 크게 변화시켰다고 해도 과언이 아니다.

몸가짐이 완고한 여자일수록 돌연 무슨 짓을 할런지 모른다. 타락하기 시작하면 걷잡을 수 없다는 것을 그 뒤의 경험을 통해서도 알게 되었다.

그 후에도 나는 여러 종류의 여성들과 만났다.

'후쿠도미 씨, 가끔 바람도 좀 피워보세요' 하며 나긋나긋한 태도를 보이는 여자는 의외로 정조관념이 굳고, 묵묵히 옆에 앉아서 다소곳한 여자가 실은 대담한 짓을 저지를 수가 있는 것이다.

따라서 여자를 선택할 때는 말과 겉모양이나 행동거지만으로 기준을 삼으면 안된다. 내면에 숨어 있는 소성(素性)이나 본성이 드러나게 됐을 때 이럴 줄은 몰랐다고 후회하게 될 수도 있기 때문이다. * * *

이런 여자가 남자의
운명을 바꾼다

●

2013년 10월 20일 12.판발행

●

지은이 | 후쿠도미 다로우
옮긴이 | 홍석연
펴낸이 | 홍철부

●

펴낸데 | **문지사**

●

등록일 | 1978년 8월 11일(제3-50호)

●

서울특별시 은평구 갈현1동 423-16
영업부 | 02) 386-8451
   02) 386-8452
편집부 | 02) 382-0026
기획실 | 02) 6407-1314
팩 스 | 02) 386-8453

정가 **12,000원**

잘못된 책은 구입하신 서점에서 교환해 드립니다.